KB262830

NEW
TOP
일본어 첫걸음

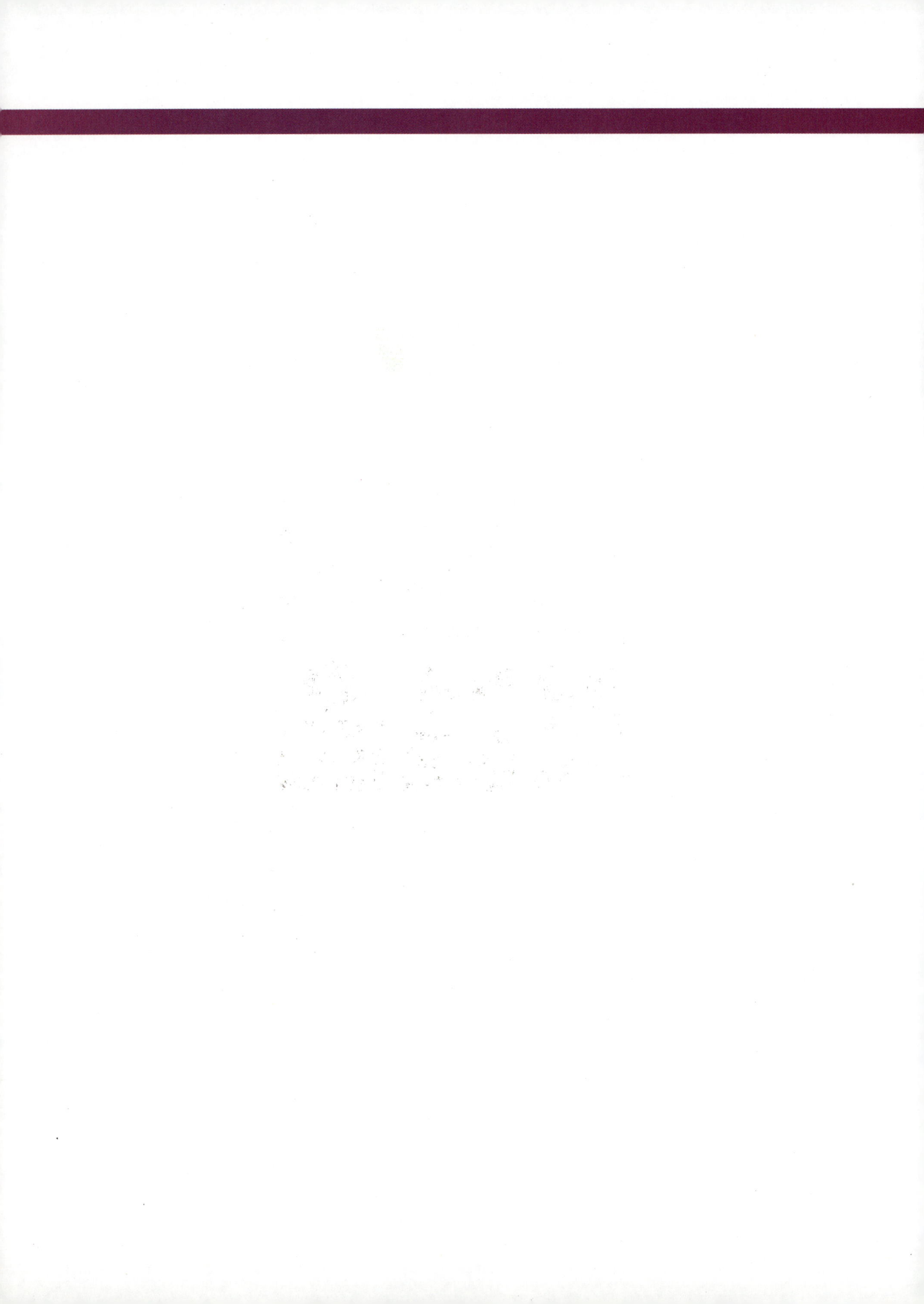

- 일본어를 기초부터 체계적으로, 꼼꼼히 공부하고 싶은 분들!
- 학원에 나갈 시간이 없어서 아예 처음부터 집에서 실제 수업을 듣는 것처럼 혼자서 공부하고 싶은 분들!

「New top 일본어 첫걸음」은 일본어의 글자나 발음을 전혀 모르셨던 분들이 아무 걱정없이 처음부터 공부할 수 있도록, 선생님의 강의를 듣는 것처럼 차근차근 성의껏, 친절하게 설명하려고 애썼습니다. 일본어도 남의 나라 말이고, 남의 나라 말을 배우려면 문법을 전혀 무시할 수는 없습니다. 그러나 여러분이 일본어 문법의 연구자가 되실 건 아니겠지요. 따라서 이 책에서는 문법에 대한 설명을 장황하게 늘어놓지 않고 각 과의 포인트 문형을 중심으로 요점만 간단히 설명해 놓았습니다. 그 뜻과 사용법을 쉽게 이해한 다음, 정작 한마디라도 자신감을 가지고 일본어를 말할 수 있도록 하기 위함입니다.

Tok!Tok!회화(본문), 핵심 문장(Key Expression), 새로운 단어(Kotoba Bank)의 정확한 원어민 발음을 들으며 발음 연습과 듣기 훈련을 할 수 있고, 인터넷 동영상 강의를 통해 언제 어디서든 생생한 강의를 들으실 수 있습니다.

교재+ 원어민 음성CD +인터넷 동영상 강의의 삼위일체시스템으로 여러분은 일본어 마스터에 더 쉽게 다가갈 수 있을 것입니다.

- 강의를 듣고 있는데, 예습과 복습을 더욱 더 철저히 하고 싶은 분들!
- 강의를 들으면서도 이것저것 궁금하고 모르는 것이 많아 답답하셨던 분들!

「**New top 일본어 첫걸음**」은 기존에 학원용 교재로 널리 쓰이던 「New Top Japanese」의 해설서로도 사용하실 수 있습니다. 「New Top Japanese」는 일본 국서간행회, IJ일본어학교와 시사일본어사가 공동 개발한 일본어 교재로, 국내에서 발행된 어느 일본어 교재보다도 재미있으며, 가르치고 배우기 쉽다는 호평을 받아왔습나다. 하지만 처음부터 이 교재는 선생님들께서 내용을 정확하게 짚어 강의를 해 주실 때 장점이 되살아나는 강의용 교재로 기획된 책이라서, 혼자 공부하기에는 무리라는 지적이 뒤따랐습니다. 따라서 본 교재는 강의를 들을 수 없는 형편이거나, 강의를 놓쳐 진도를 따라가기가 어려워 예습과 복습용으로 해설서를 원하는 많은 분들에게 큰 도움이 될 것입니다.

초급 교재의 홍수 속에서 수박 겉핥기 식으로 되풀이되는 공부에서 탈피하고 싶은 학습자 여러분들에게 이 책이 일본어 학습의 탄탄한 밑거름이 되고, 신나는 일본어 공부의 길잡이가 될 수 있기를 진심으로 바랍니다.

저자 씀

구성

1 본 교재는 총 26과로 구성되었으며, 학습자들이 무리없이 공부할 수 있도록 본문을 적당한 길이로 나누었습니다.

2 MP3는 총 55트랙으로 나누어져 있어, 번거롭게 찾을 필요없이 듣고자 하는 부분을 바로 찾아 학습할 수 있습니다.

3 교재의 맨 앞 부분에 실려있는 〈인사말〉과 〈수업할 때 쓰는 말〉은 문법에 관계없이 외워두면 편리한 표현입니다, 또한, 각 과에서 쓰인 조사를 두 부분으로 나누어 정리하였으며, 1~13과까지의 복습문제와 14~26까지의 복습문제를 나누어 실어 실력을 점검할 수 있습니다. 마지막 부록 부분의 'Power!단어'는 어휘력 향상에 많은 도움이 될 것입니다.

4 본 책에는 발음과 쓰기에서 시작하여 형용사, 형용동사(ナ형용사), 동사, 조동사 등의 기본 활용과 표현(과거형·음편형 포함), 수사, 존재, 권유, 의향, 희망, 의견, 보통체(plain form)의 활용, 허가 등으로 구성되어 있습니다.

각 과의 구성

1 본 교재의 1·2과는 발음과 글자 쓰기를 연습할 수 있도록 구성되어 있다.

2 3과 이후부터 26과까지의 구성은 다음과 같다.

① **핵심문장** 중요 문법사항과 문형 제시

② **Tok! Tok! 회화** 각 과 문법사항과 문형을 중심으로 초급 일본어의 필수 어휘를 사용하여 15~20행 미만으로 구성

③ **새로 나온 단어(Kotoba Bank)** 새로 나온 단어 설명

④ **Kok! Kok!문법(Language Focus)** 본문에 나온 중요 문법사항을 자세한 설명에 추가 예문까지 함께 실어 혼자서도 충분히 이해하도록 구성

⑤ **심화학습** 중요 문법사항 외에도 꼭 알아두어야 할 문법사항을 더욱 심층있게 설명

⑥ **Check! 실력체크문제** 그림을 많이 이용한 문제를 수록하여 실력 점검

구성상의 특징

Key Expression(핵심문형)

그 과에서 배울 핵심 문형을 소개하는 코너이다. 각과의 중요 문법사항과 문형을 쉽게 알아볼 수 있으므로 예습과 복습의 포인트로 활용하자.

본문

각 과의 문법 사항과 문형을 바탕으로 흔히 접할 수 있는 상황을 설정, 일상생활에서 활용할 수 있는 회화로 구성되어 있다.
아직까지 일본어 발음이 어색한 학습자들을 위해, 입문의 전체 과에 실제 일본어에 가장 가까운 한글 발음을 달아두었으나, 되도록이면 보지 말고 읽기 연습을 하자.

(1-01 트랙번호 ▶ 본문은 CD Player나 PC의 windows Media Player에서 들을 수 있으며, MP3로 다운 받을 수도 있다.)

해석

본문 바로 뒤에 뜻풀이를 해 놓았다. 초급 교재이므로 되도록 직역을 하였다.

Language Focus (드릴, 관련 어휘)

각 과의 필수 문법과 문형을 혼자서도 충분히 이해할 수 있도록 친절한 설명에 추가 예문까지 곁들여져 있다.

Kotoba Bank (단어, 어구 풀이)

kotoba(言葉)는 '단어 · 말'을 뜻하는 일본어이다. 단어의 뜻은 물론 여러 가지로 활용하는 경우, 그 변화도 설명하였다.

인사말 CD 1

일상생활에서 자주 사용되는 인사말이다. 한꺼번에 다 외울 필요는 없고, 여러 번 읽어서 간단한 인사 정도는 일본어로 말할 수 있도록 연습해 보자.

① 우리말에서는 때(시간)애 관계없이 '안녕하세요'라고 인사하지만, 일본어에서는 아침ㆍ낮ㆍ밤에 하는 인사가 각각 다르므로 주의해서 알아두자.

② 「こんにちは」, 「こんばんは」의 「は」는 원래 [ha(하)]발음이지만, 여기서는[wa(와)]로 발음한다.

「すみません」에는 두 가지 뜻이 있는데, 사과하거나 잘못을 빌 때에는 '미안합니다' 라는 의미로, 음식점이나 가게에서 사람을 부를 때는 '여보세요'라는 의미로 사용된다. 「すみません」은 발음하기 편하게 「すいません」이라고도 한다.

이 말은 주로 퇴근할 때 먼저 가는 사람이 남아 있는 사람들에게, 또는 모임 등에서 먼저 자리를 일어서는 경우에 사용한다.
＊ ん은 발음에 가깝게 표기하였음.

수업할 때 쓰는 말 _{CD2}

교실내에서 자주 사용하는 말이다. 단어 하나하나의 뜻이나 문법은 생각하지 말고, 여러 번 읽어서 이런 말을 들었을 때 무슨 뜻인지 알 수 있도록 해 두자.

1 では、はじめましょう。
데 와　하지메마　쇼-

2 ～さん、[よんで / こたえて] ください。
상　　욘 데 / 코타에떼　　구 다 사 이

3 もう　いちど [よんで / いって] ください。
모-　이 치 도　욘 데 / 잇 떼　구 다 사 이

4 よく　できました。
요 쿠　데키마시타

5 みなさん、わかりましたか。
미 나 상　와까리마시타 까
→ はい、わかりました。
하 이　와까리마시타
→ いいえ、よく　わかりません。
이 - 에 요 쿠　와까리마 셍

6 きょうは　ここまで。
쿄-　와　코 코 마 데

* ん은 발음에 가깝게 표기하였음.

1	자, (수업을) 시작합시다.
2	～씨 [읽어 / 대답해] 주세요.
3	다시 한 번 [읽어 / 말해] 주세요.
4	잘 하셨습니다.
5	여러분, 아셨습니까?
	→네, 알겠습니다.
	→아니요, 잘 모르겠습니다.
6	오늘은 여기까지.

등장 인물

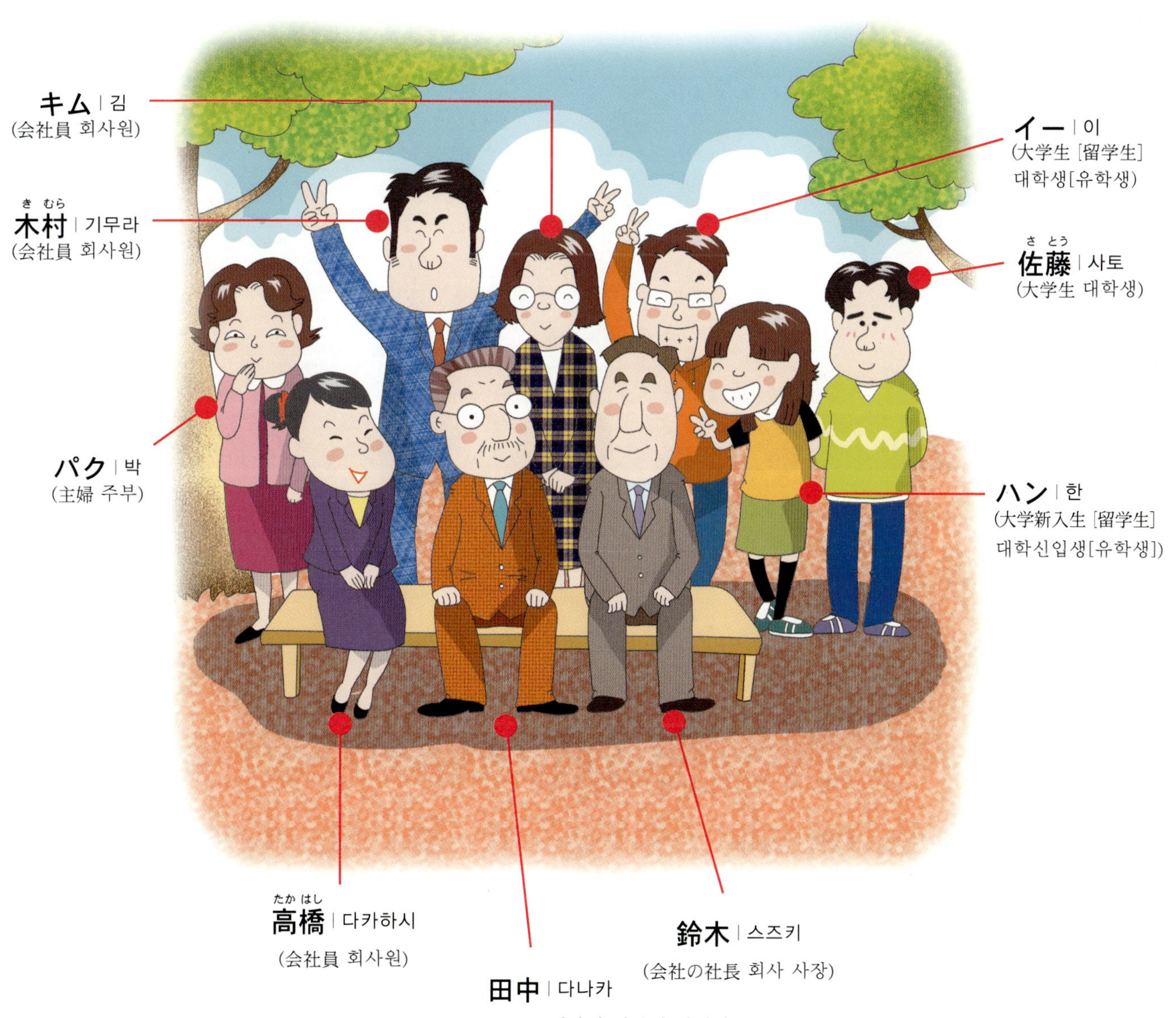

キム | 김
(会社員 회사원)

木村 | 기무라
(会社員 회사원)

パク | 박
(主婦 주부)

高橋 | 다카하시
(会社員 회사원)

田中 | 다나카
(大学の日本語の先生 대학의 일본어 선생님)

鈴木 | 스즈키
(会社の社長 회사 사장)

イー | 이
(大学生 [留学生] 대학생[유학생])

佐藤 | 사토
(大学生 대학생)

ハン | 한
(大学新入生 [留学生] 대학신입생[유학생])

발음과 글자 Ⅰ

1 오십음도(五十音図) 와 발음

1) 일본어의 글자

① 히라가나 (平仮名 | ひらがな)

② 가타카나 (片仮名 | カタカナ)

③ 한자 (漢字)

한국어의 글자는 「한글」, 일본어의 글자는 「가나」라고 한다. 가나에는 히라가나(平仮名 : ひらがな)와 가타카나(片仮名 : カタカナ) 두 종류가 있으며, 보통 표기할 때에는 가나와 한자(漢字)를 섞어서 사용한다. 히라가나와 가타카나는 모두 한자에서 만들어진 글자인 데, 히라가나는 한자의 초서체가 차츰 변해서 생긴 것이고, 가타카나는 한자 획의 일부분 을 따서 만들어진 것이다. 가타카나는 주로 외래어나 의성어 · 의태어 · 전보문, 또는 특별 히 어감을 강조하려고 하는 경우에 사용한다.

2) 오십음도(히라가나 | ひらがな)

단＼행	あ	か	さ	た	な	は	ま	や	ら	わ	ん
あ	あ a	か ka	さ sa	た ta	な na	は ha	ま ma	や ya	ら ra	わ wa	ん n
い	い i	き ki	し shi	ち chi	に ni	ひ hi	み mi	(い) (i)	り ri	(い) (i)	
う	う u	く ku	す su	つ tsu	ぬ nu	ふ hu	む mu	ゆ yu	る ru	(う) (u)	
え	え e	け ke	せ se	て te	ね ne	へ he	め me	(え) (e)	れ re	(え) (e)	
お	お o	こ ko	そ so	と to	の no	ほ ho	も mo	よ yo	ろ ro	を wo	

3) 일본어의 발음

① 청음(清音)

② 탁음(濁音) · 반탁음(半濁音)

③ 요음(拗音)

④ 촉음(促音)

⑤ 발음(撥音)

⑥ 장음(長音)

2 청음·탁음·반탁음

1) 청음(清音) CD3

あ행 あ　い　う　え　お

あい(愛)｜사랑　あ(会)う｜만나다　あお(青)い｜파랗다　※いい｜좋다　いえ(家)｜집　うえ(上)｜위　え(絵)｜그림　おい｜남자 조카　※ p.25 장음 부분을 참조하세요.

か행 か　き　く　け　こ

かお(顔)｜얼굴　あか(赤)｜빨강　きく(菊／聞く)｜국화/듣다　えき(駅)｜역　くい｜말뚝　い(行)く｜가다　け(毛)｜털　いけ(池)｜연못　ここ｜여기　かこ(過去)｜과거

さ행 さ　し　す　せ　そ

さ(咲)く｜피다　あさ(朝)｜아침　かさ(傘)｜우산　しお(塩)｜소금　すし(寿司)｜초밥　いす(椅子)｜의자　せき(席)｜자리　そこ｜거기

た행 た　ち　つ　て　と

たか(高)い｜높다　うた(歌)｜노래　ちち(父)｜아버지　くち(口)｜입　つち(土)｜땅, 흙　あつ(暑)い｜덥다　て(手)｜손　※かてい(家庭)｜가정　とき(時)｜때　때おと(音)｜소리　※ p.25 장음 부분을 참조하세요.

な행 な　に　ぬ　ね　の

なな(七)｜일곱　あなた｜당신　さかな(魚)｜생선　にく(肉)｜고기　ぬ(抜)く｜뽑다　いぬ(犬)｜개　ねこ(猫)｜고양이　のき(軒)｜처마

は행

| 1 2 3
は | 1
ひ | 1 2
3 4
ふ | 1
へ | 1 2 4
ほ |

はは(母)｜어머니　はち(八)｜여덟　はな(鼻／花)｜코/꽃　ひと(人)｜사람　あさひ
(朝日)｜아침 해　ふね(船)｜배　※へいたい(兵隊)｜군대　ほし(星)｜별
※ p.25 장음 부분을 참조하세요.

ま행

| 1 3
2
ま | 1
み 2 | 1 2 3
む | 1 2
め | 2 1
3
も |

まね｜흉내　なまえ(名前)｜이름　みみ(耳)｜귀　うみ(海)｜바다　むすこ(息子)｜아
들　むすめ(娘)｜딸　め(目)｜눈　もち｜떡

や행

| 1 3 2
や | | 1 2
ゆ | | 2 1
よ |

やま(山)｜산　やくそく(約束)｜약속　ゆめ(夢)｜꿈　ゆき(雪)｜눈　よ(読)む｜읽
다　よこはま(横浜)｜요코하마(지명)

ら행

| 1 2
ら | 1 2
り | 1
る | 1 2
れ | 1
ろ |

らく(楽)｜편안함　りす｜다람쥐　るす(留守)｜집에 없음　さる(猿)｜원숭이
※れいか(零下)｜영하　これ｜이것　※ろうか(廊下)｜복도　くろ(黒)い｜검다
※ p.25 장음 부분을 참조하세요.

わ행

| 2 1
わ | | | 1 2
を 3 | |

わいろ(賄賂)｜뇌물　わか(若)い｜젊다　わたし(私)｜나/저　わる(悪)い｜나쁘다
かわ(川)｜강　にわ(庭)｜정원　わいろを(賄賂を)｜뇌물을　わたしを(私を)｜나를

ん

| 1
ん | | | | |

※おんがく(音楽)｜음악　おんな(女)｜여자　※かんじ(漢字)｜한자　けんか｜싸움
さんま｜꽁치　※しんぶん(新聞)｜신문　※ p.19 탁음과 반탁음 부분을 참조하세요.

쓰기연습

① こんにちは | 안녕하세요

② すみません | 미안합니다

③ しつれいします | 실례합니다

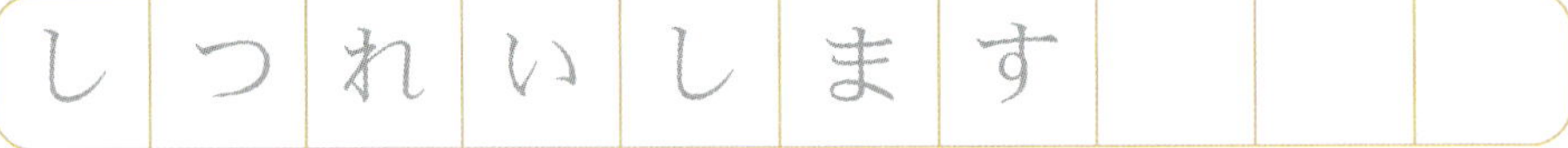

④ また、あした | 내일 또 만나요

⑤ みなさん、こんにちは | 여러분, 안녕하세요

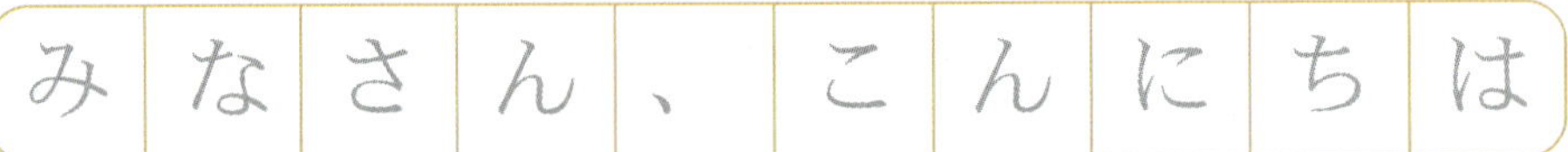

⑥ せんせい、こんにちは | 선생님, 안녕하세요

2) 탁음(濁音)과 반탁음(半濁音)

단＼행	あ	か	さ	た	な	は	ま	や	ら	わ	
あ	あ	か	さ	た	な	は	ま	や	ら	わ	ん
い	い	き	し	ち	に	ひ	み	(い)	り	(い)	
う	う	く	す	つ	ぬ	ふ	む	ゆ	る	(う)	
え	え	け	せ	て	ね	へ	め	(え)	れ	(え)	
お	お	こ	そ	と	の	ほ	も	よ	ろ	を	

▼

탁음				반탁음
が행	ざ행	だ행	ば행	ぱ행
が ga	ざ za	だ da	ば ba	ぱ pa
ぎ gi	じ ji	ぢ ji	び bi	ぴ pi
ぐ gu	ず zu	づ zu	ぶ bu	ぷ pu
げ ge	ぜ ze	で de	べ be	ぺ pe
ご go	ぞ zo	ど do	ぼ bo	ぽ po

탁음은 「か행·さ행·た행·は행」의 かな에 「"」를 붙여 표기한다. 이것을 탁점이라 하고, 반드시 かな의 오른쪽 윗부분에 찍는다. 단어의 처음에 오는 탁음은 틀리기 쉬우므로 주의하자. がいこく(外国／외국)의 탁음 が를 か로 잘못 발음하면 かいこく(開国／개국)와 같이 전혀 다른 의미가 된다.

반탁음은 「は행」의 오른쪽 윗부분에 조그마한 동그라미 「°」를 붙여 표기한다.

① 반탁음　CD4

| が행 | が | | ぎ | | ぐ | | げ | | ご | |

がいこく(外国)ㅣ외국　かがみ(鏡)ㅣ거울　ぎむ(義務)ㅣ의무　かぎ(鍵)ㅣ열쇠
ぐあい(具合)ㅣ형편　すぐㅣ곧　げたㅣ나막신　ひげㅣ수염　ごみㅣ쓰레기　ごご(午後)ㅣ오후

| ざ행 | ざ | | じ | | ず | | ぜ | | ぞ | |

ざるㅣ소쿠리　ひざㅣ무릎　じかん(時間)ㅣ시간　ひじㅣ팔꿈치　※ずつう(頭痛)ㅣ두통
おかずㅣ반찬　ぜひㅣ꼭　かぜ(風／風邪)ㅣ바람/감기　※ぞう(象)ㅣ코끼리　かぞく(家族)ㅣ가족　※ p.25 장음 부분을 참조하세요.

| だ행 | だ | | ぢ | | づ | | で | | ど | |

だれ(誰)ㅣ누구　かだい(課題)ㅣ과제　はなぢ(鼻血)ㅣ코피　つづ(続)くㅣ계속되다
で(出)るㅣ나가다　そでㅣ소매　どこㅣ어디　まど(窓)ㅣ창문

| ば행 | ば | | び | | ぶ | | べ | | ぼ | |

ばらㅣ장미　かばㅣ하마　※びぼう(美ぼう)ㅣ미모　くび(首)ㅣ목　ぶた(豚)ㅣ돼지
てぶくろ(手袋)ㅣ장갑　※べつめい(別名)ㅣ(본이름 외의)다른 이름　かべ(壁)ㅣ벽
ぼろㅣ누더기　つぼみㅣ꽃봉오리　※ p.25 장음 부분을 참조하세요.

② 탁음

かんぱい(乾杯) | 건배　えんぴつ(鉛筆) | 연필　さんぷん(三分) | 3분　ぺこぺこ |
배가 몹시 고픈 모양　さんぽ(散歩) | 산보

발음과 글자 II

① 요음 · 촉음 · 발음
② 장음
③ 한자와 오쿠리가나(送りがな)
④ 가타카나(片仮名 | カタカナ)
⑤ 틀리기 쉬운 글자

1 요음 · 촉음 · 발음

1) 요음(拗音) CD5

요음이란, い단의 음 중 청음 「き · し · ち · に · ひ · み · り」와 탁음 · 반탁음 「ぎ · じ · ぢ · び · ぴ」에 や행의 「や · ゆ · よ」를 오른쪽 아래에 작게 표기한 글자를 말한다. 요음은 두 글자를 합한 것이지만 한 음절(한 박자)로 발음해야 한다.

단＼행	あ	か	さ	た	な	は	ま	や	ら	わ	
あ	あ	か	さ	た	な	は	ま	や	ら	わ	ん
い	い	き	し	ち	に	ひ	み	(い)	り	(い)	
う	う	く	す	つ	ぬ	ふ	む	ゆ	る	(う)	
え	え	け	せ	て	ね	へ	め	(え)	れ	(え)	
お	お	こ	そ	と	の	ほ	も	よ	ろ	を	

▼

청음						
きゃ kya	しゃ sha	ちゃ cha	にゃ nya	ひゃ hya	みゃ mya	りゃ rya
きゅ kyu	しゅ shu	ちゅ chu	にゅ nyu	ひゅ hyu	みゅ myu	りゅ ryu
きょ kyo	しょ sho	ちょ cho	にょ nyo	ひょ hyo	みょ myo	りょ ryo

탁음·반탁음				
ぎゃ gya	じゃ ja	ぢゃ ja	びゃ bya	ぴゃ pya
ぎゅ gyu	じゅ ju	ぢゅ ju	びゅ byu	ぴゅ pyu
ぎょ gyo	じょ jo	ぢょ jo	びょ byo	ぴょ pyo

① い단＋ゃ

きゃく (客) ┃ 손님	しゃしん (写真) ┃ 사진	おちゃ (お茶) ┃ 차
ひゃく (百) ┃ 100	みゃく (脈) ┃ 맥	ぎゃく (逆) ┃ 반대
じゃま (邪魔) ┃ 방해	こんにゃく ┃ 곤약(구약 나물)	さんびゃく (三百) ┃ 300
りゃく (略) ┃ 생략		

② い단＋ゅ

きゅうに (急に) ┃ 갑자기	しゅみ (趣味) ┃ 취미	ちゅうい (注意) ┃ 주의
りゅうがく (留学) ┃ 유학	ぎゅうにく (牛肉) ┃ 쇠고기	しんじゅ (真珠) ┃ 진주
にゅういん (入院) ┃ 입원		

③ い단＋ょ

きょり (距離) ┃ 거리	しょるい (書類) ┃ 서류	ちょきん (貯金) ┃ 저금
びょういん (病院) ┃ 병원	みょうじ (名字) ┃ 성	ぎょうじ (行事) ┃ 행사
じょせい (女性) ┃ 여성	にょうぼう (女房) ┃ 처	はっぴょう (発表) ┃ 발표
りょかん (旅館) ┃ 여관		

2) 촉음(促音) CD6

촉음이란 단어 속에 있는 작은 글자 「っ」를 말한다. 촉음 「っ」는 바로 뒤에 오는 글자의 음에 따라 여러 가지로 발음된다.

① か행 앞 : ㄱ받침

いっかい(一階) | 일층
이 ㄱ 까 이

せっけん(石けん) | 비누
세 ㄱ 껭

がっき(楽器) | 악기
가 ㄱ 끼

かっこ(括弧) | 괄호
카 ㄱ 꼬

② さ·た행 앞 : ㅅ받침

ざっし(雑誌) | 잡지
자 ㅅ 시

けっせき(欠席) | 결석
케 ㅅ 세 끼

きって(切手) | 우표
키 ㅅ 떼

おっと(夫) | 남편
오 ㅅ 또

③ ぱ행 앞 : ㅂ받침

いっぱい(一杯) | 가득/한 잔
이 ㅂ 빠 이

いっぴき(一匹) | 한 마리
이 ㅂ 삐 끼

きっぷ(切符) | 표
키 ㅂ 뿌

しっぱい(失敗) | 실패
시 ㅂ 빠 이

글자는 작아도 촉음은 한 음절(한 박자)로 발음해야 한다. 그렇지 않으면 단어의 의미가 달라져 버린다.

보기 ·かっこ[카ㄱ꼬] 괄호 / かこ[카꼬] 과거

·おっと[오ㅅ또] 남편 / おと[오또] 음

3) 발음(撥音) CD7

「ん」을 발음이라고 하는데, 「ん」도 촉음과 마찬가지로 뒤에 오는 음에 따라 여러 가지로 발음된다. 「ん」 역시 우리말의 받침과는 달리 한 음절의 길이를 가진다.

① ま·ば·ぱ행 앞 : ㅁ받침

さんまい(三枚) | 세 장
사 ㅁ 마 이

ぶんめい(文明) | 문명
부 ㅁ 메 -

けんぶつ(見物) | 구경
케 ㅁ 부 쯔

しんぱい(心配) | 걱정
시 ㅁ 빠 이

かんぱい(乾杯) | 건배
카 ㅁ 빠 이

② さ・ざ・た・だ・な・ら行 앞 : ㄴ받침

   いんさつ(印刷) | 인쇄   ぎんざ(銀座) | 긴자(지명)   せんたく(洗濯) | 세탁
   이ㄴ사쯔   기ㄴ자   세ㄴ따꾸

   もんだい(問題) | 문제   おんな(女) | 여자   けんり(権利) | 권리
   모ㄴ다이   오ㄴ나   케ㄴ리

③ あ・か・が・や・わ行 앞 : ㅇ받침

   れんあい(恋愛) | 연애   ぶんか(文化) | 문화   おんがく(音楽) | 음악
   레ㅇ아이   부ㅇ까   오ㅇ가꾸

   こんやく(婚約) | 약혼   でんわ(電話) | 전화
   코ㅇ야꾸   데ㅇ와

2 장음(長音) CD8

일본어의 장음은 촉음이나 발음과 마찬가지로 한 음절로 발음해야 한다. 장음을 한 음절로 발음하지 않으면 단어의 뜻이 달라지므로 주의해야 한다.

① あ단+あ

   おばあさん[おばーさん] | 할머니 (cf. おばさん | 아주머니)
   오바 ― 사ㅇ   오바사ㅇ

   さあ[さー] | 글쎄요   おかあさん(お母さん)[おかーさん] | 어머니
   사 ―   오까 ― 사ㅇ

② い단+い

   おじいさん[おじーさん] | 할아버지 (cf. おじさん | 아저씨)
   오지 ― 사ㅇ   오지사ㅇ

   いいえ[いーえ] | 아니오   ちいさい(小さい)[ちーさい] | 작다
   이 ― 에   치 ― 사이

③ う단+う

   くうき(空気)[くーき] | 공기   すうがく(数学)[すーがく] | 수학
   쿠 ― 끼   스 ― 가꾸

   ふうふ(夫婦)[ふーふ] | 부부   くつう(苦痛)[くつー] | 고통 (cf. くつ(靴) | 구두)
   후 ― 후   쿠쯔 ―   쿠쯔

④ え단+い／え

えいご(英語) [えーご] | 영어　　せんせい(先生) [せんせー] | 선생님
에 - 고　　　　　　　　　　세 ㄴ 세 -

おねえさん(お姉さん) [おねーさん] | 언니/누나　　　ええ [えー] | 네
오 네 - 사 ㅇ　　　　　　　　　　　　　　　　에 -

⑤ お단+う／お

そうこ(倉庫) [そーこ] | 창고 (cf.そこ | 거기)
소 - 꼬　　　　　　　　　　　소 꼬

こうこう(高校) [こーこー] | 고등학교 (cf. ここ | 여기)
코 - 꼬 -　　　　　　　　　　　　코 꼬

とおり(通り) [とーり] | 길 (cf. とり(鳥) | 새)　　おおきい(大きい) [おーきー] | 크다
토 - 리　　　　　　　　　　　　　　　　오 - 끼이

3 한자와 오쿠리가나(送りがな)

① 일본어의 한자는 같은 글자라도 뜻으로 읽을 때(훈독:訓読)와 소리로 읽을 (음독:音読) 가 서로 다르다.

- 산 : 山 ┌ やま(훈독)　　　　　· 강 : 川 ┌ かわ(훈독)
　　　　　└ さん(음독)　　　　　　　　　　└ せん(음독)

② 오쿠리가나(送りがな)

일본어에서 한자에 붙여 쓰는 가나(かな)를 말한다. 붙이는 방법이 일정하게 정해져 있으므로 교재의 표기를 잘 보고 익혀서 틀리지 않도록 하자. 그러나 잡지 등의 책에서는 종종 규칙을 무시하기도 한다.

▶ 오쿠리가나의 예

読む(よ・む) | 읽다　　　　　　食べる(た・べる) | 먹다

楽しい(たの・しい) | 즐겁다　　　楽しみ(たの・しみ) | 즐거움

4 가타카나 (片仮名 | カタカナ)

① 외래어나 외국의 인명 · 지명, 의성어 · 의태어 등을 표기하는 데 사용한다. 또 특별히 강조하고자 하는 단어에 사용하기도 하며, 글자의 발음은 ひらがな와 같다.

② 외래어나 외국어의 장음은 반드시 장음부호 「ー」로 표기한다.

③ 촉음 「ッ」, 요음 「ヤ・ユ・ヨ」 외에도, 외래어 표기를 위해 「ア・イ・ウ・エ・オ」를 작게 써서 표기할 때도 있다.

예 fashion | 패션 ▶ ファッション

Philippines | 필리핀 ▶ フィリピン

chess | 체스 ▶ チェス

Walkman | 워크맨 ▶ ウォークマン

1) 오십음도(가타카나 | カタカナ)

단＼행	ア	カ	サ	タ	ナ	ハ	マ	ヤ	ラ	ワ	
ア	ア a	カ ka	サ sa	タ ta	ナ na	ハ ha	マ ma	ヤ ya	ラ ra	ワ wa	ン n
イ	イ i	キ ki	シ shi	チ chi	ニ ni	ヒ hi	ミ mi	(イ) (i)	リ ri	(イ) (i)	
ウ	ウ u	ク ku	ス su	ツ tsu	ヌ nu	フ fu	ム mu	ユ yu	ル ru	(ウ) (u)	
エ	エ e	ケ ke	セ se	テ te	ネ ne	ヘ he	メ me	(エ) (e)	レ re	(エ) (e)	
オ	オ o	コ ko	ソ so	ト to	ノ no	ホ ho	モ mo	ヨ yo	ロ ro	ヲ wo	

2) 탁음(濁音)과 반탁음(半濁音)

탁음				반탁음
ガ행	**ザ행**	**ダ행**	**バ행**	**パ행**
ガ ga	ザ za	ダ da	バ ba	パ pa
ギ gi	ジ ji	ヂ ji	ビ bi	ピ pi
グ gu	ズ zu	ヅ zu	ブ bu	プ pu
ゲ ge	ゼ ze	デ de	ベ be	ペ pe
ゴ go	ゾ zo	ド do	ボ bo	ポ po

3) 요음(拗音)

청음						
キャ kya	シャ sha	チャ cha	ニャ nya	ヒャ hya	ミャ mya	リャ rya
キュ kyu	シュ shu	チュ chu	ニュ nyu	ヒュ hyu	ミュ myu	リュ ryu
キョ kyo	ショ sho	チョ cho	ニョ nyo	ヒョ hyo	ミョ myo	リョ ryo

탁음 · 반탁음				
ギャ gya	ジャ ja	ヂャ ja	ビャ bya	ピャ pya
ギュ gyu	ジュ ju	ヂュ ju	ビュ byu	ピュ pyu
ギョ gyo	ジョ jo	ヂョ jo	ビョ byo	ピョ pyo

カタカナ CD9

アパート | 아파트 ▶アパートメント (apartment)의 준말

イギリス | 영국 ▶포르투갈어에서 유래됨

ウォークマン(Walkman) | 워크맨

エレベーター(elevator) | 엘리베이터

ケーキ(cake) | 케이크

ギター(guitar) | 기타

コピー(copy) | 카피/복사

コーヒー(coffee) | 커피

コンピューター(computer) | 컴퓨터

サンドイッチ(sandwich) | 샌드위치

スーパー | 슈퍼마켓 ▶スーパーマーケット (supermarket)의 준말

タクシー(taxi) | 택시

チョコレート(chocolate) | 초콜릿

テレビ | 텔레비전 ▶テレビジョン(television) 의 준말

トイレ | 화장실 ▶トイレット(toilet)의 준말

デパート | 백화점 ▶デパートメントストア (department store)의 준말

ニュース(news) | 뉴스

バス(bus) | 버스

パン | 빵 ▶포르투갈어에서 유래됨

ファックス(fax) | 팩스 ▶ファクシミリ (facsimile)라고도 함

ベッド(bed) | 침대

ホテル(hotel) | 호텔

マンション(mansion) | 맨션

ヨーロッパ(Europe) | 유럽

ロミオ(Romeo) | 로미오

ワイシャツ | 와이셔츠 ▶ホワイトシャツ (white shirt)에서 생긴 말

ワシントン(Washington) | 워싱턴

カタカナ쓰기

ア	ア	イ	イ	ウ	ウ	エ	エ	オ	オ
カ	カ	キ	キ	ク	ク	ケ	ケ	コ	コ
サ	サ	シ	シ	ス	ス	セ	セ	ソ	ソ
タ	タ	チ	チ	ツ	ツ	テ	テ	ト	ト
ナ	ナ	ニ	ニ	ヌ	ヌ	ネ	ネ	ノ	ノ
ハ	ハ	ヒ	ヒ	フ	フ	ヘ	ヘ	ホ	ホ
マ	マ	ミ	ミ	ム	ム	メ	メ	モ	モ
ヤ	ヤ			ユ	ユ			ヨ	ヨ
ラ	ラ	リ	リ	ル	ル	レ	レ	ロ	ロ
ワ	ワ			ヲ	ヲ				
ン	ン								

5 틀리기 쉬운 글자 CD10

1) ひらがな

① い : り　あい(愛) | 사랑
　　　　　　あり | 개미

② こ : て　たこ | 문어
　　　　　　たて(盾) | 방패

③ は : ほ　はし(橋) | 다리
　　　　　　ほし(星) | 별

④ め : ぬ　めい | 여자 조카
　　　　　　ぬま(沼) | 늪

⑤ ね : れ : わ　あね(姉) | 언니/누나
　　　　　　　　あれ | 저것
　　　　　　　　あわ(泡) | 거품

⑥ ろ : る　しろ(白) | 흰색
　　　　　　し(知)る | 알다

2) カタカナ

① ア : マ　アリア(aria) | 아리아
　　　　　　マリア(Maria) | 마리아

② ク : ワ　クイーン(queen) | 여왕
　　　　　　ワイン(wine) | 와인

③ コ : ユ　コスモス(cosmos) | 코스모스
　　　　　　ユニフォーム(uniform) | 유니폼

④ ソ : ン　ソファー(sofa) | 소파
　　　　　　シャンプー(shampoo) | 샴푸

⑤ ツ : シ　ツアー(tour) | 투어, 여행
　　　　　　シーエフ(CF) | 광고

⑥ テ : ラ　テニス(tennis) | 테니스
　　　　　　ラーメン(라면) | 라면

⑦ ス : ヌ　スタイル(style) | 스타일
　　　　　　ヌード(nude) | 누드

⑧ ナ : メ　ナイフ(knife) | 나이프, 칼
　　　　　　メニュー(menu) | 메뉴

3) ひらがな・カタカナ

① か : カ

② き : キ

③ せ : セ

④ へ : ヘ

⑤ り : リ

⑥ や : ヤ

▶ 위의 글자들을 여러 번 써 보고, 단어들은 소리내어 읽어 보자.

はじめまして。キムです。

처음 뵙겠습니다. 김(미라)입니다.

핵심문장

<u>01</u> **佐藤君です。**

<u>02</u> **学生ですか。**

<u>03</u> **私は　学生です。**

<u>01</u> 사토 군입니다.

<u>02</u> 학생입니까?

<u>03</u> 저는 학생입니다.

CD11

キム	田中先生、こんにちは。 たなかせんせい
田中	あ、キムさん、こんにちは。
	キムさん、佐藤君です。 さとうくん
佐藤	はじめまして。佐藤です。
	どうぞ　よろしく。
キム	はじめまして。キムです。
	どうぞ　よろしく。

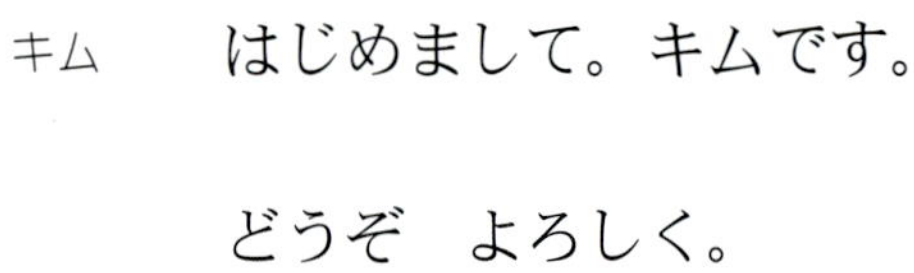

佐藤	学生ですか。 がくせい
キム	いいえ、会社員です。佐藤さんは？ かいしゃいん
佐藤	私は　学生です。 わたし
キム	大学生ですか。 だいがくせい
佐藤	はい、そうです。
田中	それじゃ、また。
キム	さようなら。

김	다나카 선생님, 안녕하세요?
다나카	아, 김(미라) 씨, 안녕하세요?
	김(미라) 씨, 사토 군입니다.
사토	처음 뵙겠습니다. 사토입니다. 잘 부탁합니다.
김	처음 뵙겠습니다. 김(미라)입니다. 잘 부탁합니다.
사토	학생입니까?
김	아니요, 회사원입니다. 사토 씨는요?
사토	저는 학생입니다.
김	대학생입니까?
사토	네, 그렇습니다.
다나카	그럼, 또 (만나요).
김	안녕히 가세요.

새로운 단어

せんせい(先生) 선생님, 선생 ▶학교 선생님 외 의사, 변호사, 국회의원 등을 존경하여 부를 때도 쓴다.

こんにちは 안녕하십니까?, 안녕하세요? ▶여기서 「は」는 [wa(와)]로 발음한다.

あ 아

～さん ～씨, ～님 ▶남녀 모두에게 쓴다.

～くん(君) ～군 ▶주로 같은 또래나 손아랫 남자에게 쓴다.

～です ～입니다

はじめまして 처음 뵙겠습니다

どうぞ よろしく 잘 부탁합니다

がくせい(学生) 학생 ▶발음상으로는 [gakusei]지만, 실제로 [ku]의 [u]발음은 소리나지 않는다. 그리고 [-sei]는 장음이므로 [가꾸세이]가 아니라 [가ㄱ세-]처럼 발음한다.

～か ～까? ▶문장 끝에 붙어 의문·질문 등을 나타낸다.

いいえ 아니요, 아닙니다 ▶부정의 대답을 뜻한다.

かいしゃいん(会社員) 회사원

～は ～은, ～는

わたし(私) 나, 저 ▶제일 많이 사용되고 있는 1인칭 대명사이다.

だいがくせい(大学生) 대학생

はい 네, 예 ▶긍정의 대답을 뜻한다.

そうです 그렇습니다, 그래요

それじゃ 그럼, 그러면

また 또, 다시

それじゃ また 그럼 또 만납시다, 그럼 또 만나요

さようなら 안녕히 가십시오, 안녕히 계십시오 ▶「う」를 빼고 「さよなら」라고 표기하기도 한다. 이 말은 매일 만나다시피 하는 사이에서는 사용하지 않고, 오랫동안 만나지 못할 사람에게 사용하는 것이 보통이다. 매일 만나는 사이에서는 「また あした。(내일 다시 만나요.)」와 같은 인사말을 하는 게 자연스럽다.

1 자기 소개 및 「～です」의 표현

> ### 佐藤です。
> 사토입니다.

「～です」는 우리말로 '～입니다'라는 뜻을 가지는 정중한 표현이다. 보통 명사나 형용사에 붙으며, 동사에는 「～んです」의 형태로 붙는다.

우리는 보통 자기 소개를 할 때 성(姓)과 이름을 함께 말하지만, 일본에서는 성만 말하는 경우도 많다.

① イーです。 이(민우)입니다.

② キムミラさんです。 김미라 씨입니다.

사람을 부를 때나 소개할 때는 성이나 이름 뒤에 「～さん」을 붙인다. 「～さん」은 우리말로는 '～씨, ～님'이라는 뜻으로 경의를 나타내므로 자기 자신에게는 사용할 수 없다. 「君」은 '～군'이라는 뜻으로, 친구나 손아랫 사람이 남자일 경우 성이나 이름에 붙여서 친근감을 나타낸다.

③ 田中先生です。 다나카 선생님입니다.

④ 佐藤君です。 사토 군입니다.

⑤ 友達です。 친구입니다.

⑥ 先生です。 선생님입니다.

우리말로 '선생'이라고 하면 공손하지 않은 인상을 주므로, 일본어인 「先生」도 마찬가지로 생각하기 쉽다. 그러나 일본어의 「先生」 안에는 경의가 포함되어 있으므로 우리말의 '선생님'이라는 뜻이 된다. 따라서 「先生さん」이라고는 하지 않으니 주의가 필요하다.

 **2 질문에 「はい・いいえ」로 대답하기**

> A 学生ですか。 학생입니까?
>
> B はい、そうです。 네, 그렇습니다.
>
> B′ いいえ、会社員です。 아니요, 회사원입니다.

「〜です(〜입니다)」에 의문을 나타내는 「か」를 붙이면 정중한 의문을 나타내는 「〜ですか(〜입니까?)」가 된다. 우리말과 달리 일본어에서는 「か」 뒤에 물음표를 붙이지 않는다. 또한, 물음에 대한 답을 할 때는 「はい(네)」나 「いいえ(아니요)」를 사용하여 답하면 된다.

① A 会社員ですか。 회사원입니까?

　 B いいえ、学生です。 아니요, 학생입니다.

② A 大学生ですか。 대학생입니까?

　 B はい、そうです。 네, 그렇습니다.

③ A 田中さんですか。 다나카 씨입니까?

　 B はい、そうです。 네, 그렇습니다.

④ A 田中さんですか。 다나카 씨입니까?

　 B いいえ、佐藤です。 아니요, 사토입니다.

 **3 '〜는 ~입니다'의 정중한 「〜は 〜です」 표현**

> 私は 学生です。 저는 학생입니다.

조사 「は」는 우리말로 '〜은/는'이라는 뜻인데, 이때는 [ha(하)]가 아니라 [wa(와)]로 발음해야 한다.

① 田中さんは　先生です。 다나카 씨는 선생님입니다.

② キムさんは　会社員です。 김(미라) 씨는 회사원입니다.

③ イーさんは　大学生です。 이(민우) 씨는 대학생입니다.

1 보기와 같이 표기가 맞는 것을 찾아 보자.

보기

学生　　　a　かくせい
　　　　　b　がくせえ
　　　　　ⓒ　がくせい

① 

先生　　　a　せんせえ
　　　　　b　せんせん
　　　　　c　せんせい

② 

大学生　　a　だいがくせい
　　　　　b　たいがくせい
　　　　　c　だいかくせい

③ 

会社員　　a　かいしやいん
　　　　　b　がいしゃいん
　　　　　c　かいしゃいん

④ 

友達　　　a　ともだち
　　　　　b　どもだち
　　　　　c　ともたち

2　빈 칸에 자신의 이름을 가타가나로 써 넣고 말해 보자.

はじめまして。

＿＿＿＿＿＿＿＿です。

どうぞ　よろしく。

Check! 실력체크 문제

3 다음 물음에 보기와 같이 답해 보자.

> **보기**
>
> A 田中さんは　学生ですか。(×・先生)
> B <u>いいえ、先生です。</u>

① A キムさんは　会社員ですか。(O)
  B ___________________________

② A イーさんは　先生ですか。(×・学生)
  B ___________________________

③ A 佐藤さんは　大学生ですか。(O)
  B ___________________________

해답

1 ①c ②a ③c ④a
2 생략
3 ①はい、会社員です(そうです)。②いいえ、学生です。③はい、大学生です(そうです)。

<ruby>私<rt>わたし</rt></ruby>の　パソコンです。

제 컴퓨터입니다.

핵심문장

01　それは　何ですか。

02　イーさんの　パソコンですか。

03　先生じゃ　ありません。

01 그것은 무엇입니까?

02 이(민우) 씨의 컴퓨터입니까?

03 선생님이 아닙니다.

CD12

木村（きむら）　それは　何（なん）ですか。

イー　これは　パソコンです。

木村　イーさんの　パソコンですか。

イー　はい、そうです。

木村　あれも　イーさんの　パソコンですか。

イー　いいえ、あれは　私（わたし）の　パソコンじゃ　ありません。

田中先生（たなかせんせい）の　パソコンです。

木村　あれは　英語（えいご）の　本（ほん）ですか。

イー　いいえ、あれは　英語の　本じゃ　ありません。日本語（にほんご）の　本です。

木村　田中さんは　先生ですか。

イー　はい、田中さんは　日本語の　先生です。

木村　鈴木（すずき）さんも　日本語の　先生ですか。

イー　いいえ、鈴木さんは　先生じゃ　ありません。

田中先生の　お友達（ともだち）です。

기무라 그것은 무엇입니까?

이 이것은 컴퓨터입니다.

기무라 이(민우) 씨의 컴퓨터입니까?

이 네, 그렇습니다.

기무라 저것도 이(민우) 씨의 컴퓨터입니까?

이 아니요, 저것은 제 컴퓨터가 아닙니다.
　　　　다나카 선생님의 컴퓨터입니다.

기무라 저것은 영어책입니까?

이 아니요, 저것은 영어책이 아닙니다. 일본어책입니다.

기무라 다나카 씨는 선생님입니까?

이 네, 다나카 씨는 일본어 선생님입니다.

기무라 스즈키 씨도 일본어 선생님입니까?

이 아니요, 스즈키 씨는 선생님이 아닙니다.
　　　　다나카 선생님의 친구 분입니다.

새로운 단어

これ・それ・あれ・どれ 이것·그것·저것·
　어느 것
なん(何) 무엇
パソコン 컴퓨터 ▶「パーソナルコンピューター
　(personal computer)」의 준말
〜の 〜의
〜も 〜도
〜じゃ ありません 〜가(이) 아닙니다, 〜가(이)
　아니에요 ▶「〜では ありません」의 축약형

えいご(英語) 영어
ほん(本) 책
にほんご(日本語) 일본어
おともだち(友達) 친구 분 ▶「お」가 단어 앞에
　붙으면 경의를 나타내기도 한다. 따라서 '나의 친
　구'라고 말할 경우에는 「お」를 붙이지 않고 「私
　の 友達」라고 해야 한다.

1 지시대명사 「これ・それ・あれ・どれ」

これ 이것 ・ それ 그것 ・ あれ 저것 ・ どれ 어느 것

- これ(이것) : 말하는 사람의 가까이에 있는 것을 가리킨다.
- それ(그것) : 듣는 사람의 가까이에 있는 것을 가리킨다.
- あれ(저것) : 말하는 사람과 듣는 사람 모두에게서 떨어져 있는 것을 가리킨다.
- どれ(어느 것) : 정해지지 않은 것이나 의문을 나타낸다.

2 지시대명사를 이용한 의문 표현

これ 이것 ―
それ 그것 ―　は　何(なん)ですか。 은 무엇입니까?
あれ 저것 ―

지시대명사를 이용하여 무언가를 구체적으로 물을 때 사용하는 표현이다.

3 「これ・それ・あれ・どれ」의 표현

これは　パソコンです。 이것은 컴퓨터입니다.

① それは　辞書(じしょ)です。 그것은 사전입니다.
② あれは　ノートです。 저것은 노트입니다.

 **4 소유 · 소속을 나타내는 「の」의 용법**

> **これは　私の　パソコンです。**
> 이것은 나의 컴퓨터입니다.

여기서 「の」는 소유 · 소속을 나타내며, 우리말로는 '~의' 라고 해석한다.

① それは　木村さんの　かばんです。　그것은 기무라 씨의 가방입니다.

② キムさんは　私の　友達です。　김 씨는 나의 친구입니다.

③ A　あれは　だれの　本ですか。　저것은 누구의 책입니까?
　　B　あれは　先生の　本です。　저것은 선생님의 책입니다.

5 명사를 연결하는 「の」의 용법

> **田中さんは　日本語の　先生です。**
> 다나카 씨는 일본어 선생님입니다.

일본어에서 명사와 명사는 보통 「の」로 연결되며, 「の」는 앞의 명사와 뒤의 명사의 여러 가지 관계를 나타낸다. 위의 4번에 나오는 「の」는 소유 · 소속을 나타내며, 우리말로는 '~의' 라고 해석하였다. 그러나 여기서 학습할 「の」는 우리말로는 해석하지 않지만 뒤에 오는 명사를 설명해 주는 역할을 하므로, 절대 생략해서는 안 된다는 것에 주의해야 한다.

① これは　英語の　本です。　이것은 영어책입니다.

② それは　韓国語の　辞書です。　그것은 한국어 사전입니다.

곡법 6 명사의 부정 표현

A 田中さんは　先生ですか。다나카 씨는 선생님입니까?

B はい、田中さんは　先生です。네, 다나카 씨는 선생님입니다.

B′ いいえ、田中さんは　先生じゃ　ありません。
아니요, 다나카 씨는 선생님이 아닙니다.

「명사＋です(입니다)」의 부정 표현은 「명사＋じゃ　ありません(~이/가 아닙니다)」이 된다.
「명사＋じゃ　ありません」은 「명사＋では　ありません」이라고도 하는데, 「명사＋じゃ　あ
りません」쪽이 더 많이 쓰인다. 「~では　ありません」에서 「は」는 [wa(와)]로 발음된다.

① A それは　本ですか。그것은 책입니까?

　 B いいえ、これは　本じゃ　ありません。ノートです。
아니요, 이것은 책이 아닙니다. 노트입니다.

② A あれは　韓国語の　辞書ですか。저것은 한국어 사전입니까?

　 B いいえ、あれは　韓国語の　辞書じゃ　ありません。
아니요, 저것은 한국어 사전이 아닙니다.
日本語の　辞書です。일본어 사전입니다.

1 빈 칸에 [これ·それ·あれ·どれ] 중 알맞은 말을 넣어 말해 보자.

① 

A ＿＿＿＿＿は　何ですか。
B ＿＿＿＿＿は　パソコンです。

② 

A ＿＿＿＿＿は　だれの　かばんですか。
B ＿＿＿＿＿は　私の　かばんです。

③ 

A ＿＿＿＿＿は　日本語の　本ですか。
B いいえ、＿＿＿＿＿は　英語の　本です。

④ 

A 田中さんの　本は　＿＿＿＿＿ですか。
B ＿＿＿＿＿です。

2   빈 칸에 알맞은 말을 써 넣어 보자.

①   A   それは　ノートですか。
B   ______、ノート______________________。本です。

②   A   これは　英語の　本ですか。
B   いいえ、______________________。日本語の　本です。

③   A   佐藤さんは　先生ですか。
B   いいえ、______________________。

3   짧은 글짓기

①   이것은 佐藤 씨의 책입니다.

▶   ______________________

②   그것은 田中 선생님의 노트입니다.

▶   ______________________

해답

1   ①これ, それ　②あれ, あれ　③それ, これ　④どれ, これ
2   ①いいえ, じゃ（では）　ありません　②英語の　本じゃ（では）　ありません
③先生じゃ（では）　ありません
3   ①これは　佐藤さんの　本です。　②それは　田中先生の　ノートです。

ハンガンは　<ruby>大<rt>おお</rt></ruby>きいですね。

한강은 크군요.

핵심문장

<u>01</u>　ハンガンは　大きいですね。

<u>02</u>　大きい　川です。

<u>03</u>　あれは　私のです。

<u>01</u> 한강은 크군요.

<u>02</u> 큰 강입니다.

<u>03</u> 저것은 제 것입니다.

Tok! Tok!  호호

1 CD13

佐藤（さとう）	暑（あつ）いですね。
キム	ええ、暑いですね。
佐藤	あれは　だれの　帽子（ぼうし）ですか。
キム	あれは　高橋（たかはし）さんの　帽子です。
佐藤	あの　白（しろ）い　バッグも　高橋さんのですか。
キム	いいえ、あれは　私（わたし）のです。
佐藤	ハンガンは　大（おお）きいですね。
キム	ええ、大きい　川（かわ）です。
佐藤	長（なが）いですか。
キム	さあ…。

사토　덥군요.

김　네, 덥네요.

사토　저것은 누구의 모자입니까?

김　저것은 다카하시 씨의 모자입니다.

사토　저 하얀 백도 다카하시 씨의 것입니까?

김　아니요, 저것은 제 것입니다.

사토　한강은 크군요.

김　네, 큰 강입니다.

사토　깁니까?

김　글쎄요…….

あつ(暑)い　덥다	バッグ(bag)　백
～ですね　～군요 ▶가벼운 감동이나 가볍게 확인하는 느낌을 나타낸다.	～の　～의 것
ええ　네, 예 ▶「はい(네, 예)」와 같은 뜻이다.	ハンガン　한강
だれ　누구	おお(大)きい　크다
ぼうし(帽子)　모자	かわ(川)　강
あの　저	なが(長)い　길다
しろ(白)い　하얗다, 희다	さあ　글쎄 ▶단정적으로 대답하는 것을 회피하거나 주저할 때 쓰는 말이다.

2 CD14

佐藤　これ、冷たい　ジュースです。どうぞ。

キム　甘く　ないですか。

佐藤　ええ、甘く　ありません。

キム　いただきます。おいしいですね。

佐藤　あれは　何ですか。

キム　どれですか。

佐藤　あの　高い　ビルです。

キム　ああ、あれは　63ビルです。

佐藤　ああ、あれが　63ビルですか。

사토　이거, 시원한 주스입니다. 드세요.

김　　달지 않습니까?

사토　네, 달지 않습니다.

김　　잘 먹겠습니다. 맛있군요.

사토　저것은 무엇입니까?

김　　어느 것 말입니까?

사토　저 높은 빌딩 말입니다.

김　　아아, 저것은 63빌딩입니다.

사토　아아, 저것이 63빌딩입니까?

새로운 단어 🦋🦋

つめ(冷)たい　차갑다, 차다, (음료 등이) 시원
　하다

ジュース(juice)　주스

どうぞ　드세요 ▶여러 가지 의미로 사용되는 말인
　데, 여기서는 음식을 권하는 말로 쓰이고 있다.

あま(甘)い　달다

〜く　ないです　〜지 않습니다 ▶イ형용사의 부
　정 표현(=〜く　ありません)

〜く　ありません　〜지 않습니다 ▶イ형용사의
　부정 표현(=〜く　ないです)

いただきます　잘 먹겠습니다, 잘 마시겠습니
　다, 잘 받겠습니다

おいしい　맛있다

たか(高)い　① 높다 ② 비싸다 ③ (키가) 크다

ビル　빌딩 ▶「ビルディング(building)」의 준말

ああ　아아 ▶물음에 대한 대답이나 약간의 놀라움
　등을 표현할 때 쓰는 말이다.

ろくさんビル(63building)　63빌딩 ▶일본어
　로 6은 「ろく」, 3은 「さん」이라고 한다.

〜が　〜이, 〜가

1 '~의 것'을 나타내는 「の」의 용법

> A だれの 帽子^{ぼうし}ですか。 누구의 모자입니까?
>
> B 高橋^{たかはし}さんのです。（の ＝ の帽子） 다카하시 씨의 것입니다.

「の」는 여러 가지 용법을 가지고 있는데, 위 예문 A처럼 소유·소속을 나타내기도 하지만, B의 「の」처럼 명사에 붙어서 '~의 것'이라는 뜻을 나타내기도 한다. B의 「の」는 명사에 준하는 의미로 사용된 것인데, 여기서 「の」가 가리키는 것은 '~의 모자'이다.

① A これは だれの カメラですか。 이것은 누구의 카메라입니까?

   B それは 私^{わたし}のです。 그것은 제 것입니다.

② A それは だれの 辞書^{じしょ}ですか。 그것은 누구의 사전입니까?

   B これは 佐藤^{さとう}さんのです。 이것은 사토 씨(의) 것입니다.

③ A あの バッグは だれのですか。 저 백은 누구(의) 것입니까?

   B あれは キムさんのです。 저것은 김 씨(의) 것입니다.

2 イ형용사의 명사 수식형 (1)

> 高^{たか}い ビルです。 높은 빌딩입니다.

일본어의 형용사에는 イ형용사와 ナ형용사, 이렇게 두 종류가 있다. イ형용사는 '형용사', ナ형용사는 '형용동사'라고 부르기도 한다. 여기서는 イ형용사에 대해 알아보자. イ형용사는 어미가 항상 「い」로 끝나며, 사람이나 사물의 모양, 상태, 성질, 성격 등을 나타내고, 단독으로 쓰이거나 명사를 수식하는 역할을 한다. 우리말의 형용사는 뒤의 명사를 수식할 때 모양이 변하지만, 일본어의 イ형용사는 기본형(사전에 실려 있는 형태)과 명사를 수식할 때의 형태가 같다.

① 冷^{つめ}たい ジュースです。 시원한 주스입니다.

② おいしい コーヒーです。 맛있는 커피입니다.

③ 白^{しろ}い バッグです。 하얀 백입니다.

 **3** イ형용사의 부정 표현

> A 甘^{あま}いですか。 답니까?
>
> B はい、甘いです。 네, 답니다.
>
> B′ いいえ、甘く ありません。 아니요, 달지 않습니다.

イ형용사에 정중형은 기본형 뒤에 「です(~입니다)」를 붙이면 된다. 「イ형용사 + です」의 부정 표현은 イ형용사의 어미 「い」를 「く」로 바꾼 다음 「ありません」 또는 「ないです」를 붙이면 된다.

① A この ジュースは 冷たいですか。 이 주스는 시원합니까?

　B はい、冷たいです。 네, 시원합니다.

　B′ いいえ、冷たく ありません。 아니요, 시원하지 않습니다.

② A この 川^{かわ}は 長^{なが}いですか。 이 강은 깁니까?

　B はい、長いです。 네, 깁니다.

　B′ いいえ、長く ありません。 아니요, 길지 않습니다.

　※ 「いい(좋다)」라는 イ형용사는 위의 방법이 아닌 예외적으로 활용된다.
　　・いい → よく ありません 좋지 않습니다

> 참고 ·어간 : 변하지 않는 부분　·어미 : 변하는 부분　·기본형 : 사전에 나와 있는 형태

 **4** イ형용사의 명사 수식형 (2)

> A あの 高^{たか}い ビルは 何^{なん}ですか。 저 높은 빌딩은 무엇입니까?
>
> B 63ビルです。 63빌딩입니다.

① A この 大^{おお}きい 川は ハンガンです。 이 큰 강은 한강입니다.

　B ああ、これが ハンガンですか。 아아, 이것이 한강입니까?

② その 青^{あお}い かばんは パクさんのです。 그 파란 가방은 박 씨(의) 것입니다.

③ あの 小^{ちい}さい バッグは 高いです。 저 작은 백은 비쌉니다.

1 지시대명사

こ	**そ**	**あ**	**ど**
これ 이것	それ 그것	あれ 저것	どれ 어느 것
この 이	その 그	あの 저	どの 어느

「この・その・あの・どの」는 단독으로 사용되지 않고, 항상 뒤에 오는 명사나 명사구를 수식한다.

● この 帽子 이 모자
● あの 白い バッグ 저 하얀 백

2 「どうぞ」의 여러 가지 의미

これ、冷たい ジュースです。どうぞ。
이거, 시원한 주스입니다. 드세요.

「どうぞ」는 상대방에게 음식이나 물건 등을 권할 때 또는 상대가 어떤 동작을 취하기를 원할 때 사용하는 표현으로, 상황에 따라 여러 가지 의미로 해석된다.

①どうぞ。앉으세요.
②どうぞ。들어오세요.
③どうぞ。드세요.

1 그림을 보고 빈 칸에 들어갈 알맞은 말을 써 넣어 보자.

A ＿＿＿＿　大きい　かばんは　だれのですか。

B ＿＿＿＿は　私のです。

C ＿＿＿＿は　だれの　帽子ですか。

D ＿＿＿＿　白い　帽子は　キムさんのです。

E ＿＿＿＿は　だれの　カメラですか。

F ＿＿＿＿　カメラは　鈴木さんのです。

2 **1**의 그림을 보고 다음 물음에 답해 보자.

① A 大きい　かばんは　だれのですか。

　 B ＿＿＿＿＿＿＿＿＿＿＿＿＿＿＿＿＿＿＿＿

② A 黒い　カメラは　だれのですか。

　 B ＿＿＿＿＿＿＿＿＿＿＿＿＿＿＿＿＿＿＿＿

③ A 白い　帽子は　高橋さんのですか。

　 B ＿＿＿＿＿＿＿＿＿＿＿＿＿＿＿＿＿＿＿＿

3 다음 그림을 보고 빈 칸에 들어갈 알맞은 말을 써 넣어 보자.

① 

A 長いですか。
B いいえ、＿＿＿＿＿＿＿。短いです。

② 

A 大きいですか。
B いいえ、＿＿＿＿＿＿＿。小さいです。

③ 

A 寒いですか。
B はい、＿＿＿＿＿＿＿。

4 짧은 글짓기

① 저 높은 빌딩이 63빌딩입니다.

▶ ＿＿＿＿＿＿＿＿＿＿＿＿＿＿＿＿＿＿＿＿＿＿

② 이 카메라는 비싸지 않습니다.

▶ ＿＿＿＿＿＿＿＿＿＿＿＿＿＿＿＿＿＿＿＿＿＿

③ 그 사전은 내 것입니다.

▶ ＿＿＿＿＿＿＿＿＿＿＿＿＿＿＿＿＿＿＿＿＿＿

해답

1　A あの　B あれ　C これ　D その　E それ　F この
2　①イーさんのです。　②鈴木さんのです。　③いいえ、キムさんのです。
3　①長く　ありません(長く　ないです)　②大きく　ありません(大きく　ないです)　③寒いです
4　①あの　高い　ビルが　63ビルです。　②この　カメラは　高く　ありません(高く　ないです)。
　　③その　辞書は　私のです。

<ruby>安<rt>やす</rt></ruby>くて　デザインも　いいですね。

싸고 디자인도 좋군요.

핵심문장

01 広くて　品物も　多いですね。

02 赤いのですか、黒いのですか。

03 **新聞**　ください。

01 넓고 물건도 많군요.

02 빨간 것이요, 검은 것이요?

03 신문 주세요.

1 CD15

客1　この　店は　広くて　品物も　多いですね。
きゃく　　みせ　ひろ　　　しなもの　　おお

客2　ええ、いい　店ですね。

客1　すみません。

店員　いらっしゃいませ。
てんいん

客1　新聞　ください。
　　しんぶん

店員　はい。読売ですか、朝日ですか。
　　　よみうり　　あさひ

客1　読売、おねがいします。

客1　この　時計は　安くて　デザインも　いいですね。
　　　とけい　やす

客2　そうですね。あれは　高くて　デザインも　よく　ありません。
　　　　　　　　　　たか

客1　すみません。この　時計、二つ　ください。
　　　　　　　　　　　　ふた

店員　はい、ありがとうございます。

손님1　이 가게는 넓고 물건도 많군요.

손님2　네, 좋은 가게네요.

손님1　실례합니다.

점원　어서 오십시오.

손님1　신문 주세요.

점원　네. 요미우리요, 아사히요?

손님1　요미우리 주세요.

손님1　이 시계는 싸고 디자인도 좋군요.

손님2　그렇군요. 저것은 비싸고 디자인도 좋지 않습니다.

손님1　저기요. 이 시계, 두 개 주세요.

점원　네, 감사합니다.

새로운 단어

きゃく(客)　손님

この　이

みせ(店)　가게

ひろ(広)い　넓다

～くて　～(하)고, ～(해)서

しなもの(品物)　물건

おお(多)い　많다

いい　좋다 ▶「いい」와 같은 뜻을 가진 형용사로 「よ(良)い」가 있다.

すみません　여보세요, 저기요 ▶여기서는 가게에서 종업원을 부르는 의미로 쓰였다.

てんいん(店員)　점원

いらっしゃいませ　어서 오십시오 ▶가게에서 손님을 맞을 때 사용하는 표현이다.

しんぶん(新聞)　신문

～ください　～주십시오, ～주세요

よみうり(読売)・あさひ(朝日)　요미우리・아사히 ▶일본 신문 이름

おねが(願)いします　부탁합니다

とけい(時計)　시계

やす(安)い　싸다

デザイン(design)　디자인

そうですね　그렇군요

よく ありません　좋지 않습니다 ▶「いい・よい(좋다)」의 부정 표현이다.

ふた(二)つ　두 개, 둘

ありがとうございます　감사합니다, 고맙습니다

2 CD16

客（きゃく）1　その　スカーフも　いい　色（いろ）ですね。

　　　　その　スカーフ　ください。

店員（てんいん）　赤（あか）いのですか、黒（くろ）いのですか。

客1　その　赤いの　ください。

客2　この　青（あお）い　ネクタイは　どうですか。

客1　これも　いいですね。これも　おねがいします。

店員　はい、ありがとうございます。

손님1	그 스카프도 색이 좋네요.
	그 스카프 주세요.
점원	빨간 것이요, 검은 것이요?
손님1	그 빨간 것 주세요.
손님2	이 파란 넥타이는 어떻습니까?
손님1	이것도 좋군요. 이것도 주세요.
점원	네, 감사합니다.

새로운 단어

その 그	くろ(黒)い 검다, 까맣다
スカーフ(scarf) 스카프	あお(青)い 파랗다
いろ(色) 색깔	ネクタイ(necktie) 넥타이
あか(赤)い 빨갛다	どうですか 어떻습니까?, 어때요?
～のですか ～것입니까?, ～(이)요?	

꼭꼭 1 부탁·주문을 나타내는 「ください」 표현

> **この　時計（とけい）　ください。**
> 이 시계 주세요.

「〜ください」는 '~주십시오, ~주세요' 라는 뜻으로, 남에게 무언가를 정중하게 부탁하거나 주문을 할 때 사용하는 표현이다.

① オレンジジュース　ください。 오렌지 주스 주세요.
② すみません。水（みず）　ください。 여기요. 물 주세요.

꼭꼭 2 부탁·주문의 표현

> **読売（よみうり）　おねがいします。**
> 요미우리 부탁합니다 (주세요).

「おねがいします」는 '부탁합니다' 라는 뜻을 나타내지만, 여기서는 「〜ください(~주십시오, ~주세요)」와 같은 의미로 생각하면 된다.

① ビール　おねがいします。 맥주 주세요.
② コーヒー　おねがいします。 커피 주세요.

꼭꼭 3 「〜ですか」를 이용한 선택의 표현

> A　その　スカーフ　ください。 그 스카프 주세요.
> B　赤（あか）いのですか、黒（くろ）いのですか。 빨간 것이요, 검은 것이요?
> A　赤いの　ください。 빨간 것 주세요.

① A ジュース　ください。주스 주세요.

　B オレンジジュース**ですか**、トマトジュース**ですか**。오렌지 주스요, 토마토 주스요?

　A オレンジジュース　おねがいします。오렌지 주스 주세요.

② A コーヒー　おねがいします。커피 주세요.

　B ホット**ですか**、アイス**ですか**。뜨거운 커피요, 아이스 커피요?

　A ホット　ください。뜨거운 커피 주세요.

イ형용사의 연결형

> ### この　店は　広**くて**　品物も　多いですね。
> 이 가게는 넓고 물건도 많군요.

위의 문장은 두 개의 イ형용사문이 연결된 것이다. イ형용사문을 다른 문장과 연결할 때에는 앞 문장의 イ형용사의 어미 「い」를 「く」로 바꾸고 「て」를 연결하면 된다. 「〜くて」의 의미는 '〜 (하)고, 〜(해)서'이다.

● この　店は　広いですね。＋この　店は　品物が　多いですね。
　이 가게는 넓군요.　　　　이 가게는 물건이 많군요.

　→ この　店は　広**くて**　品物が　多いですね。
　　이 가게는 넓고 물건이 많군요.

① この　スカーフは　安**くて**　色が　いいです。이 스카프는 싸고 색깔이 좋습니다.

② あの　時計は　高**くて**　デザインも　よく　ありません。
　저 시계는 비싸고 디자인도 좋지 않습니다.

③ この　店は　狭**くて**　暗いです。이 가게는 좁고 어둡습니다.

④ この　かばんは　大き**くて**　軽いです。이 가방은 크고 가볍습니다.

5　개수를 세는 표현

いくつですか。

몇 개입니까?

일본어의 숫자 읽는 방법에는 우리말의 '하나, 둘, 셋, 넷…'과 '일, 이, 삼, 사…' 처럼 두 종류가 있다. 여기서는 우리말의 '하나, 둘, 셋, 넷…'에 해당하는 숫자 읽는 법을 공부한다. 우리말은 '하나, 둘… 서른… 아흔… 아흔아홉' 처럼 하나에서 아흔아홉까지 셀 수 있지만, 일본어는 여기에 해당하는 숫자가 「ひとつ(하나)」에서 「とお(열)」까지 밖에 없다. 열하나부터는 「じゅういち(십일 · 열하나), じゅうに(십이 · 열둘), じゅうさん(십삼 · 열셋)… にじゅう(이십 · 스물), にじゅういち(이십일 · 스물하나)…」와 같이 「いち(일), に(이), さん(삼)…」 쪽을 사용해서 읽는다.(⇨7과 참조)

一つ 하나	二つ 둘	三つ 셋	四つ 넷	五つ 다섯
六つ 여섯	七つ 일곱	八つ 여덟	九つ 아홉	十 열

1 보기와 같이 주문할 때의 표현을 만들어 보자.

① 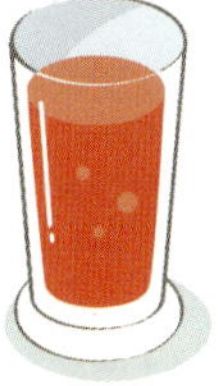

コーヒー(3)

▶ _______________________

②

トマトジュース(1)

▶ _______________________

③ 

アイスコーヒー(2)

▶ _______________________

2 다음의 두 문장을 한 문장으로 만들어 보자.

①　この　時計は　安いです。
　　この　時計は　デザインが　いいです。

　　▶ _______________________

② この　店は　狭いです。
　　この　店は　暗いです。

▶ ______________________________

③ この　かばんは　大きいです。
　　この　かばんは　重いです。

▶ ______________________________

3 짧은 글짓기

① 이 물건은 싸고 색깔도 좋습니다.

▶ ______________________________

② 차고 달콤한 주스 주세요.

▶ ______________________________

③ 이 가볍고 작은 카메라는 김미라 씨 것입니다.

▶ ______________________________

해답

1　①すみません。コーヒー　三つ　ください。　②すみません。トマトジュース　一つ　ください。
　　③すみません。アイスコーヒー　二つ　ください。
2　①この　時計は　安くて　デザインが　いいです。　②この　店は　狭くて　暗いです。
　　③この　かばんは　大きくて　重いです。
3　①この　品物は　安くて　色も　いいです。　②冷たくて　甘い　ジュース　ください。
　　③この　軽くて　小さい　カメラは　キムミラさんのです。

チョンノは　にぎやかな　ところです。

종로는 번화한 곳입니다.

핵심문장

01 どんな　ところですか。

02 にぎやかな　ところです。

03 きれいで、立派ですね。

04 ここは　ソウル駅で、

ここは　ナムデムンです。

01 어떤 곳입니까?

02 번화한 곳입니다.

03 깨끗하고 훌륭하군요.

04 여기는 서울역이고, 여기는 남대문입니다.

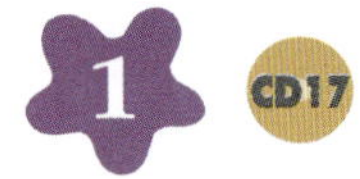

1　CD17

キム　　高橋さん、これが　ソウルの　地図です。
　　　　ここは　ソウル駅で、ここは　ナムデムンです。

高橋　　チョンノは　どこですか。

キム　　チョンノは　ここです。

高橋　　どんな　ところですか。

キム　　にぎやかな　ところです。

高橋　　街は　きれいですか。

キム　　そうですね。あまり　きれいじゃ　ありません。

高橋　　交通は　便利ですか。

キム　　ええ、とても　便利です。

김	다카하시 씨, 이것이 서울의 지도입니다.
	여기는 서울역이고, 여기는 남대문입니다.
다카하시	종로는 어디입니까?
김	종로는 여기입니다.
다카하시	어떤 곳입니까?
김	번화한 곳입니다.
다카하시	거리는 깨끗합니까?
김	글쎄요. 그다지 깨끗하지 않습니다.
다카하시	교통은 편리합니까?
김	네, 매우 편리합니다.

새로운 단어

ソウル(Seoul) 서울

ちず(地図) 지도

ここ 여기

ソウルえき(駅) 서울역

〜で 〜이고

ナムデモン 남대문

チョンノ 종로

どこ 어디

どんな 어떤

ところ(所) 곳, 장소

にぎやかだ 번화하다, 떠들썩하다 ▶「にぎや

か」는 '번화함, 떠들썩힘'이라는 뜻이 된디.

まち(街) 거리

きれいだ ① 깨끗하다 ② 아름답다 ▶イ형용사
로 착각하기 쉬우므로 주의한다.

そうですね ① 글쎄요 ▶망설이거나 주저할 때
사용하는 표현이다. ② 그렇군요

あまり 별로, 그다지 ▶여기서처럼 '별로, 그다지'
의 뜻으로 사용될 때는 뒤에 부정을 수반한다.

こうつう(交通) 교통

べんり(便利)だ 편리하다

とても 매우, 아주

2 CD18

高橋（たかはし）　ここから　チョンノまでは　遠（とお）いですか。

キム　いいえ、あまり　遠く　ありません。

高橋　チョンノ行（ゆ）きの　バスは、何番（なんばん）ですか。

キム　7番と　15番と　23番です。

キム　ここは　有名（ゆうめい）な　本屋（ほんや）です。

高橋　きれいで　立派（りっぱ）ですね。

キム　ここは　本屋で、あそこは　デパートです。

다카하시　여기에서 종로까지는 멉니까?

김　아니요, 그다지 멀지 않습니다.

다카하시　종로행 버스는 몇 번입니까?

김　7번과 15번과 23번입니다.

(*버스 번호는 사실과 관계없음)

김　여기는 유명한 서점입니다.

다카하시　깨끗하고 훌륭하군요.

김　여기는 서점이고, 저기는 백화점입니다.

새로운 단어

〜から 〜まで　~부터(에서) ~까지	ゆうめい(有名)だ　유명하다
とお(遠)い　멀다	ほんや(本屋)　서점, 책방
〜ゆ(行)き　~행	りっぱ(立派)だ　훌륭하다, 근사하다
バス(bus)　버스	あそこ　저기
なんばん(何番)　몇 번	デパート 백화점 ▶「デパートメントストア
〜ばん(〜番)　~번	(department store)」의 준말
〜と　~와, ~과	

1 ナ형용사의 정중형과 부정 표현

> A **交通は 便利ですか。** 교통은 편리합니까?
>
> B **はい、便利です。** 네, 편리합니다.
>
> B′ **いいえ、便利じゃ ありません。** 아니요, 편리하지 않습니다.

일본어의 형용사에는 イ형용사와 ナ형용사, 이렇게 두 종류가 있다. 여기서는 ナ형용사에 대해 알아보자.

(1) ナ형용사는 イ형용사와 마찬가지로 사람이나 사물의 모양, 상태, 성질, 성격 등을 나타내며, 단독으로 쓰이거나 명사를 수식하는 역할을 한다. ナ형용사는 사전에 어간의 형태로 실려 있는데, 어미「だ」가 붙으면 '~하다'라는 뜻이 된다. 그리고, ナ형용사의 정중형은「~です(~입니다)」가 붙는다.

기본형	～だ	～です
にぎやか 번화함	にぎやかだ 번화하다	にぎやかです 번화합니다
きれい 깨끗함	きれいだ 깨끗하다	きれいです 깨끗합니다
便利 편리함	便利だ 편리하다	便利です 편리합니다

(2)「ナ형용사 + です」의 부정 표현은「ナ형용사 + じゃ(では) ありません」이다.

- きれいです 깨끗합니다 ↔ きれいじゃ(では) ありません 깨끗하지 않습니다
- 便利です 편리합니다 ↔ 便利じゃ(では) ありません 편리하지 않습니다

① A **ミョンドンは にぎやかですか。** 명동은 번화합니까?

　 B **はい、とても にぎやかです。** 네, 매우 번화합니다.

② A **街は きれいですか。** 거리는 깨끗합니까?

　 B **いいえ、あまり きれいじゃ ありません。** 아니요, 그다지 깨끗하지 않습니다.

2 ナ형용사의 명사 수식형

> A **どんな** ところですか。 어떤 곳입니까?
>
> B **にぎやかな** ところです。 번화한 곳입니다.

ナ형용사가 명사를 수식할 때는 어미 「だ」가 「な」로 변한다.

① A **どんな** 音楽ですか。 어떤 음악입니까?

　 B 静かな 音楽です。 조용한 음악입니다.

② A **どんな** 人ですか。 어떤 사람입니까?

　 B まじめな 人です。 성실한 사람입니다.

③ A **どんな** かばんですか。 어떤 가방입니까?

　 B 黒くて 大きい かばんです。 검고 큰 가방입니다.

3 ナ형용사의 연결형

> **きれいで** 立派ですね。
>
> 깨끗하고 훌륭하군요.

ナ형용사문은 다른 문장과 연결될 때 어미 「だ」가 「で」로 변한다. 「～で」는 '～(하)고, ～(해)서' 라는 뜻이 된다.

● きれいですね。 + 立派ですね。

　깨끗하군요.　　　훌륭하군요.

　→ きれいで 立派ですね。 깨끗하고 훌륭하군요.

① この 部屋は きれいで 明るいです。 이 방은 깨끗하고 밝습니다.

② この 図書館は 静かで 広いです。 이 도서관은 조용하고 넓습니다.

4 명사의 연결형

> ## ここは　本屋で、あそこは　デパートです。
> 여기는 서점이고, 저기는 백화점입니다.

명사문과 명사문을 연결할 때는 「で(~이고)」를 사용한다.

- ここは　本屋です。 ＋ あそこは　デパートです。
  여기는 서점입니다.　　저기는 백화점입니다.

  → ここは　本屋で、あそこは　デパートです。 여기는 서점이고, 저기는 백화점입니다.

① ここは　ソウル駅で、ここは　ナムデムンです。
  여기는 서울역이고, 여기는 남대문입니다.
② これは　万年筆で、これは　ボールペンです。
  이것은 만년필이고, 이것은 볼펜입니다.

5 こ・そ・あ・ど의 정리

こ	そ	あ	ど
これ 이것	それ 그것	あれ 저것	どれ 어느 것
この 이	その 그	あの 저	どの 어느
ここ 여기	そこ 거기	あそこ 저기	どこ 어디
こんな 이런	そんな 그런	あんな 저런	どんな 어떤

 **6** ## 숫자 읽기

1	いち		16	じゅうろく
2	に		17	じゅうなな・じゅうしち
3	さん		18	じゅうはち
4	よん・し		19	じゅうきゅう・じゅうく
5	ご		20	にじゅう
6	ろく		30	さんじゅう
7	なな・しち		40	よんじゅう
8	はち		50	ごじゅう
9	きゅう・く		60	ろくじゅう
10	じゅう		70	ななじゅう・しちじゅう
11	じゅういち		80	はちじゅう
12	じゅうに		90	きゅうじゅう
13	じゅうさん		100	ひゃく
14	じゅうよん・じゅうし		0	ゼロ・れい・まる
15	じゅうご			

1 그림을 보고 빈 칸에 알맞은 말을 써 넣어 보자.

A

B

Aは　高橋さんの　部屋________、Bは　イーさんの　部屋です。

高橋さんの　部屋は　______________、イーさんの　部屋は　狭いです。

高橋さんの　部屋は　とても　きれいですが、イーさんの　部屋は

あまり　______________________。

高橋さんの　部屋は　きれいで　静かです。

2 보기와 같이 ( ) 안의 단어를 사용하여 답해 보자.

> 보기
> A どんな　人ですか。（まじめだ）
> B <u>まじめな　人です。</u>

① A　ミョンドンは　どんな　ところですか。（にぎやかだ）
　 B　____

② A　どんな　本屋ですか。（大きい ＋ 有名だ）
　 B　____

③ A　どんな　かばんですか。（小さい ＋ 白い）
　 B　____

④ A　どんな　店ですか。（きれいだ ＋ 静かだ）
　 B　____

3 짧은 글짓기

① 佐藤 씨는 성실하고 좋은 학생입니다.

▶ ______________________________

② 서울의 교통은 별로 편리하지 않습니다.

▶ ______________________________

③ 이곳은 크고 유명한 서점입니다.

▶ ______________________________

해답

1 で, 広くて, きれいじゃ(では) ありません
2 ①にぎやかな ところです。 ②大きくて 有名な 本屋です。
   ③小さくて 白い かばんです。 ④きれいで 静かな 店です。
3 ①佐藤さんは まじめで いい 学生です。 ②ソウルの 交通は あまり 便利じゃ ありません。
   ③ここは 大きくて 有名な 本屋です。

お茶が　大好きです。

차를 매우 좋아합니다.

핵심문장

01 ソラクサンと　ハンラサンと　どちらが　高いですか。

02 ハンラサンの　ほうが　ソラクサンより　高いです。

03 好きです。／嫌いです。／大好きです。

01 설악산하고 한라산하고 어느 쪽이 높습니까?

02 한라산 쪽이 설악산보다 높습니다.

03 좋아합니다./싫어합니다./매우 좋아합니다.

CD19

パク	富士山（ふじさん）は、日本（にほん）で　いちばん　高（たか）い　山（やま）ですか。
高橋（たかはし）	ええ、そうです。
パク	韓国（かんこく）の　ソラクサンより　高いですか。
高橋	ええ、富士山の　ほうが　ソラクサンより　ずっと　高いです。
パク	富士山は　きれいですね。
高橋	ええ。あ、パクさん、ソラクサンと　ハンラサンと　どちらが　高いですか。
パク	ハンラサンの　ほうが　高いです。

박　　　　후지산은 일본에서 가장 높은 산입니까?

다카하시　네, 그렇습니다.

박　　　　한국의 설악산보다 높습니까?

다카하시　네, 후지산 쪽이 설악산보다 훨씬 높습니다.

박　　　　후지산은 아름답군요.

다카하시　네. 아, 박 씨, 설악산하고 한라산하고 어느 쪽이 높습니까?

박　　　　한라산 쪽이 높습니다.

새로운 단어

ふじさん(富士山)　후지산　▶3,776m	〜の　ほう(方)が　〜쪽이
〜で　〜에서　▶여기서는 장소를 나타낸다.	ずっと　훨씬
いちばん(一番)　제일, 가장	ハンラサン　한라산　▶1,950m
やま(山)　산	〜と　〜と　〜와(과)　〜와(과)
かんこく(韓国)　한국	どちら　어느 쪽
ソラクサン　설악산　▶1,708m	〜と　〜と　どちらが　〜하고　〜하고(〜중에서)
〜より　〜보다	어느 쪽이

2 CD20

高橋 たかはし	お茶、どうぞ。 ちゃ
パク	いただきます。
	おいしいですね。私は　お茶が　大好きです。 わたし　　　　　　だい す
高橋	そうですか。コーヒーは　どうですか。
パク	コーヒーは　あまり　好きじゃ　ありません。
高橋	この　りんごも　どうぞ。
パク	ありがとうございます。
	私は　果物の　中で　りんごが　いちばん　好きです。 　　　くだもの　なか

다카하시	차 드세요.
박	잘 마시겠습니다.
	맛있군요. 저는 차를 매우 좋아합니다.
다카하시	그렇습니까? 커피는 어떻습니까?
박	커피는 그다지 좋아하지 않습니다.
다카하시	이 사과도 드세요.
박	고맙습니다.
	저는 과일 중에서 사과를 제일 좋아합니다.

새로운 단어

おちゃ(茶) 차 ▶ 여기서의 「お」는 경의를 나타내는 것이 아니라, 말을 부드럽고 품위있게 만드는 미화어로서 사용되고 있다.

だいす(大好)きだ 매우 좋아하다

そうですか 그렇습니까?, 그래요?

コーヒー(coffee) 커피

す(好)きだ 좋아하다

りんご 사과

くだもの(果物) 과일

～の なか(中)で ~중에서

1 비교를 나타내는 표현

A **富士山と　ソラクサンと　どちらが　高いですか。**
후지산하고 설악산하고 어느 쪽이 높습니까?

B **富士山の　ほうが　ソラクサンより　高いです。**
후지산 쪽이 설악산보다 높습니다.

어떤 두 개의 사물을 비교할 때는 「Aと　Bと　どちらが〜(A하고 B하고 어느 쪽이〜)」라는 문장을 사용하면 된다. 여기서 주의할 점은 「どちらが〜」라고 물었을 때는 항상 「〜の　ほうが　〜(より)〜」라고 대답해야 한다는 것이다. 참고로, 「〜より」는 생략할 수도 있다.

① A **佐藤さんと　イーさんと　どちらが　背が　高いですか。**
사토 씨하고 이 씨하고 어느 쪽이 키가 큽니까?

 B **イーさんの　ほうが　ちょっと　高いです。**
이 씨 쪽이 조금 큽니다.
* '키가 크다'는 「背が　高い」, '키가 작다'는 「背が　低い」라고 한다.

② A **ソウルと　東京と　どちらが　大きいですか。**
서울하고 도쿄하고 어느 쪽이 큽니까?

 B **ソウルより　東京の　ほうが　大きいです。**
서울보다 도쿄 쪽이 큽니다.

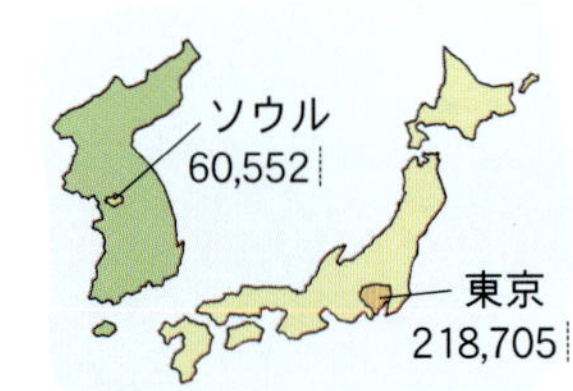

③ A **バスと　タクシーと　どちらが　便利ですか。**
버스하고 택시하고 어느 쪽이 편리합니까?

 B **タクシーの　ほうが　便利です。** 택시 쪽이 편리합니다.

2 '~을/를 좋아하다'의 「~が　好きだ」 표현

私は　お茶が　大好きです。 저는 차를 매우 좋아합니다.

우리말은 '~을(를) 좋아한다', '~을(를) 싫어한다'라고 하는데, 이때 일본어에서는 우리말의 '~을(를)'에 해당하는 조사 「を」를 사용하지 않고 「が」를 사용한다는 점에 주의하자.

① 私は　スポーツが　大好きです。 저는 스포츠를 무척 좋아합니다.

② 私は　勉強（べんきょう）が　嫌（きら）いです。 저는 공부를 싫어합니다.

③ A 甘（あま）いものが　お好きですか。 단것을 좋아하십니까?

　 B いいえ、甘いものは　あまり　好きじゃ　ありません。
　　　아니요, 단것은 별로 좋아하지 않습니다.

　　　＊ 상대방에게 '~을(를) 좋아하십니까?' 라고 정중하게 물을 때에는 「好きですか」 앞에
　　　「お」를 붙여 「お好きですか」라고 하면 된다. 이때의 「お」는 경의를 나타내므로 자기
　　　자신에게는 사용하지 않는다.

 **3　셋 이상의 비교를 나타내는 표현**

> **私は　果物（くだもの）の　中（なか）で　りんごが　いちばん　好きです。**
> 저는 과일 중에서 사과를 제일 좋아합니다.

두 개의 사물을 비교할 때는 「Aと　Bと　どちらが～(A하고 B하고 어느 쪽이~)」라는 문형을
사용하면 되지만, 셋 이상의 사물을 비교하려면 「Aと　Bと　Cの　中で　～が　いちばん～(A
하고 B하고 C 중에서 ~이(가) 가장~)」이라는 문형을 사용해야 한다.

● りんごと　バナナと　どちらが　好きですか。 사과하고 바나나하고 어느 쪽을 좋아합니까?
● りんごと　バナナと　メロンの　中で　どれが　いちばん　好きですか。
　사과하고 바나나하고 메론 중에서 어느 것을 제일 좋아합니까?
　＊「どちら」는 두 개 중에서 '어느 쪽, 어느 것'을 묻는 표현이고, 「どれ」는 세 개 이상의 사물
　중에서 '어느 것'을 묻는 표현이므로 혼동하지 않도록 하자.

① この　クラスの　中で　私が　いちばん　背が　低いです。
　이 클래스 중에서 내가 제일 키가 작습니다.

② A スポーツの　中で　何（なに）が　いちばん　好きですか。
　　스포츠 중에서 무엇을 제일 좋아합니까?
　 B テニスが　いちばん　好きです。 테니스를 제일 좋아합니다.

③ 日本（にほん）の　山（やま）の　中で　富士山が　いちばん　高いです。
　일본의 산 중에서 후지산이 제일 높습니다.

1 다음 그림을 보고 물음에 답해 보자.

①  

東京タワー　　ソウルタワー
330m　　　　240m

A 東京タワーと　ソウルタワーと
　どちらが　高いですか。

B ______________________________

②  

₩3,000　　　₩10,000

A りんごと　メロンと　どちらが
　安いですか。

B ______________________________

③ 

A イーさんの　部屋と　キムさんの　部屋と
　どちらが　きれいですか。

____

④ 

A コーヒーと　ジュースと　どちらが
　お好きですか。

B ______________________________

2 다음 그림을 보고 빈 칸에 들어갈 알맞은 말을 써 넣어 보자.

① 

A ソウルと　ブサンと　テグの　中で
　　_______が　いちばん　大きいですか。
B _______________________________

② 

A 鈴木さんと　佐藤さんと　イーさんの　中で
　　_______が　いちばん　背が　高いですか。
B _______________________________

③ 

A 果物の　中で　_______が　いちばん
　　好きですか。
B バナナが　_______________________________

④

A スカーフと　ネクタイと　バッグの
　　中で　_______が　いちばん　高いですか。
B _______________________________

3　짧은 글짓기

①　사전하고 전자사전하고 어느 쪽이 편리합니까?

▶ _______________________________________

②　나는 사과를 아주 좋아합니다.

▶ _______________________________________

③　이 방보다 저 방이 훨씬 넓습니다.

▶ _______________________________________

해답

1　①東京タワーの　ほうが　（ソウルタワーより）　高いです。　②りんごの　ほうが　（メロンより）　安いです。　③イーさんの　部屋の　ほうが　（キムさんの　部屋より）　きれいです。　④コーヒーの　ほうが　（ジュースより）　好きです。

2　①どこ, テグが　いちばん　大きいです。　②だれ, イーさんが　いちばん　高いです。　③何, いちばん　好きです　④どれ, バッグが　いちばん　高いです。

3　①辞書と　電子辞書と　どちらが　便利ですか。　②私は　りんごが　大好きです。　③この　部屋より　あの　部屋の　ほうが　ずっと　広いです。

中^{なか}に 何^{なに}が ありますか。

안에 무엇이 있습니까?

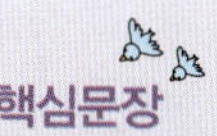

핵심문장

<u>01</u> 中に 何が ありますか。

<u>02</u> 入り口は どこですか。／

入り口は どこに ありますか。

<u>03</u> 銀行や 病院や 郵便局などが

あります。

<u>01</u> 안에 무엇이 있습니까?

<u>02</u> 입구는 어디입니까? /

입구는 어디에 있습니까?

<u>03</u> 은행이랑 병원이랑 우체국 등이 있습니다.

1 CD21

イー　　木村さん、ここは　はじめてですか。
　　　　（き むら）

木村　　ええ。中に　何が　ありますか。
　　　　（なか）（なに）

イー　　いろいろな　店や　博物館や　レストランなどが　あります。
　　　　　　　　（みせ）（はくぶつかん）

木村　　あれは　駅ですか。
　　　　　　　（えき）

イー　　ええ、そうです。

木村　　あちらの　大きい　建物の　中には　何が　ありますか。
　　　　　　　　（おお）（たてもの）

イー　　銀行や　病院や　郵便局などが　あります。
　　　　（ぎんこう）（びょういん）（ゆうびんきょく）

木村　　そうですか。入り口は　どこですか。
　　　　　　　　　　（い　ぐち）

イー　　入り口は　こちらです。

이	기무라 씨, 이곳은 처음입니까?
기무라	네. 안에 무엇이 있습니까?
이	여러 가지 가게랑 박물관이랑 레스토랑 등이 있습니다.
기무라	저것은 역입니까?
이	네, 그렇습니다.
기무라	저쪽의 큰 건물 안에는 무엇이 있습니까?
이	은행이랑 병원이랑 우체국 등이 있습니다.
기무라	그렇습니까? 입구는 어디입니까?
이	입구는 이쪽입니다.

새로운 단어

はじ(初)めて 처음

なか(中) 안, 속

〜に 〜에 ▶여기서는 장소를 나타낸다.

なに・なん(何) 무엇

ありますか 있습니까 ▶「ある(있다)」의 정중한
표현인 「あります(있습니다)」의 의문형이다.

いろいろだ 여러 가지다

〜や 〜이랑, 〜와(과), 〜이나

はくぶつかん(博物館) 박물관

レストラン(restaurant) 레스토랑

〜など 〜등

〜や 〜や 〜などが あります 〜과(랑) 〜과
(〜랑) 〜등이 있습니다

えき(駅) 역

あちら 저쪽

たてもの(建物) 건물

〜には 〜에는

ぎんこう(銀行) 은행

びょういん(病院) 병원

ゆうびんきょく(郵便局) 우체국

い(入)りぐち(口) 입구

こちら 이쪽

2 CD22

木村（きむら）　あの　部屋（へや）は　何（なん）ですか。

イ　　　どこですか。

木村　　あの　電話（でんわ）ボックスの　横（よこ）です。

イ　　　あそこは　ゲームセンターです。

木村　　そうですか。あのう、お手洗（てあら）いは　どこに　ありますか。

イ　　　この　階（かい）には　ありません。

　　　　下（した）の　階に　あります。

기무라   저 방은 무엇입니까?
이   어디 말입니까?
기무라   저 전화박스 옆 말입니다.
이   저기는 게임센터(오락실)입니다.
기무라   그렇습니까? 저기, 화장실은 어디에 있습니까?
이   이 층에는 없습니다.
         아래층에 있습니다.

새로운 단어

でんわ(電話)ボックス(box) 전화박스
よこ(横) 옆, 가로
あそこ 저기
ゲームセンター(game center) 게임센터, 오
  락실

あのう 저어, 저기 ▶이야기의 첫머리나 사이에
  넣는 말로, 다음 말로 이어 주는 역할을 한다.
おてあら(手洗)い 화장실
〜かい(階) 〜층
した(下) 아래

꼭집꼭집 1 사물의 존재를 나타내는 「あります」 표현

> ### テレビが　あります。
> 텔레비전이 있습니다.

우리말의 '있습니다'에 해당되는 일본어에는 「あります」와 「います」 두 가지가 있는데, 둘은 의미는 같지만 쓰임새는 서로 다르다. 「あります」는 무생물 또는 식물의 경우에만 사용하며, 부정 표현은 「ありません」이 된다. 참고로, 사람이나 동물의 존재는 「います」로 나타낸다.(⇨ 10과)

① 本が　あります。 책이 있습니다.

② テーブルが　あります。 테이블이 있습니다.

③ お手洗いは　この　階には　ありません。 화장실은 이 층에는 없습니다.

꼭집꼭집 2 사물의 위치를 나타내는 「～に　～が　あります」 표현

> ### あそこに　大きい　テレビが　あります。
> 저기에 큰 텔레비전이 있습니다.

구체적인 사물의 위치에 대해 답할 때는 「～に　～が　あります(~에 ~가 있습니다)」를 사용하면 된다.

① テレビの　下に　ビデオが　あります。 텔레비전 밑에 비디오가 있습니다.

② 部屋の　中に　ベッドが　あります。 방 안에 침대가 있습니다.

③ 机の　横に　ごみ箱が　あります。 책상 옆에 쓰레기통이 있습니다.

④ 銀行の　隣に　郵便局が　あります。 은행 옆에 우체국이 있습니다.

⑤ 電話は　テーブルの　上に　あります。 전화는 테이블 위에 있습니다.

 **3 「～や　～や　などが　あります」의 표현**

> A あの　建物の　中に　何が　ありますか。
> 저 건물 안에 무엇이 있습니까?
>
> B レストランや　病院などが　あります。
> 레스토랑이랑 병원 등이 있습니다.

여러 가지 중에서 몇 개만을 예를 들어 구체적으로 제시할 때에는 「～や　～や　～などが あります(～(이)랑 ～(이)랑 ～ 등이 있습니다)」라는 표현을 쓴다.

① A 部屋の　中に　何が　ありますか。 방 안에 무엇이 있습니까?
  B 机や　本だなや　洋服だんすなどが　あります。
  책상이랑 책장이랑 옷장 등이 있습니다.

② A 机の　上に　何が　ありますか。 책상 위에 무엇이 있습니까?
  B 本や　ボールペンや　ノートなどが　あります。
  책이랑 볼펜이랑 노트 등이 있습니다.

③ A かばんの　中に　何が　ありますか。 가방 속에 무엇이 있습니까?
  B 何も　ありません。 아무것도 없습니다.

 **4 사물의 위치를 묻고 답하는 표현**

> A お手洗いは　どこに　ありますか。／お手洗いは　どこですか。
> 화장실은 어디에 있습니까? / 화장실은 어디입니까?
>
> B 下の　階に　あります。／下の　階です。
> 아래층에 있습니다. / 아래층입니다.

① A 電話は　どこに　ありますか。 전화는 어디에 있습니까?
  B あそこです。 저기입니다.

② A 郵便局は　どこですか。 우체국은 어디입니까?
  B あの　白い　ビルの　隣です。 저 하얀 빌딩 옆입니다.

1 何 → なん・なに

「何」은 우리말로 '무엇' 이라는 뜻인데, 읽는 법은 「なん」과 「なに」 두 가지가 있다. 뒤에 오는 발음에 따라 발음하기 편하게 변하는 것이므로 다음의 예를 기계적으로 한꺼번에 다 외우려 하지 말고, 공부해 나가는 과정에서 자연스럽게 익히는 것이 좋다.

- 何ですか 무엇입니까?
- 何人 몇 명
- 何時 몇 시
- 何年 몇 년

- 何が 무엇이
- 何も 아무것도
- 何を 무엇을
- 何か 무언가

2 横・隣・そば의 차이점

[그림1]

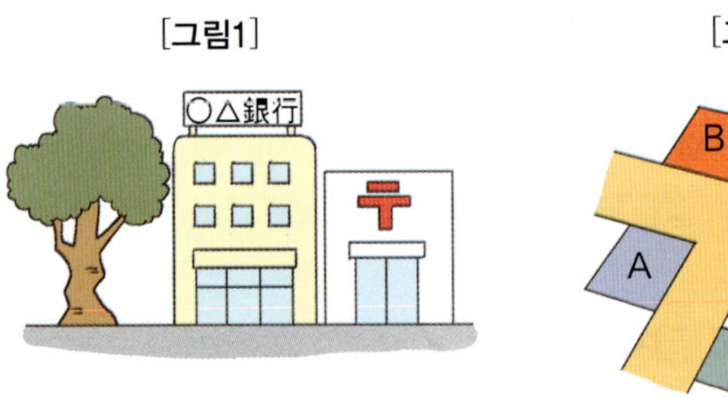

[그림2]

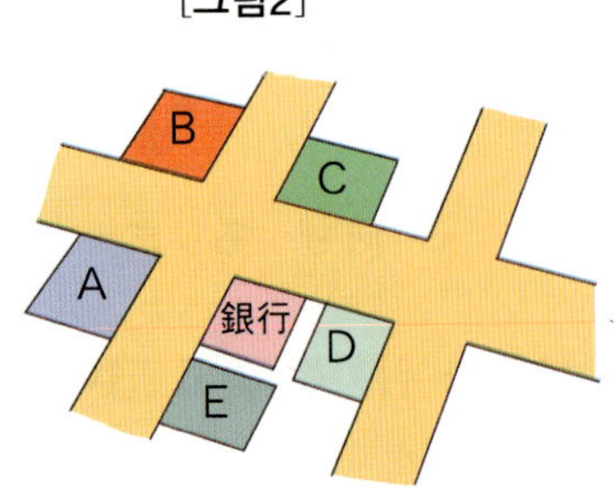

横 : 사람 옆에 사람, 사람 옆에 물건, 물건 옆에 사람, 물건 옆에 물건이 있는 경우에 사용한다. 따라서 책상 옆에 쓰레기통이 있다는 표현은 「横」를 써야 한다.

隣 : 사람 옆에 사람, 물건 옆에 물건, 건물 옆에 건물처럼 같은 종류의 사물이 옆에 있을 때 사용한다. 앞의 [그림1]을 보면, '은행 옆에 우체국' 이 있는 경우는 「銀行の　隣に　郵便局」가 되지만, '은행 옆에 나무' 가 있는 경우에는 「銀行の　横に　木」라고 해야 한다.

そば : 본문에서는 다루지 않았으나, '옆, 근처' 를 뜻하는 단어이다. 앞의 [그림2]에서 은행을 기준으로 보았을 때 A~E 모두 「銀行の　そば」가 된다.

1 다음 그림을 보고 빈 칸에 알맞은 말을 써 넣어 보자.

① A テーブルの ________に　何が　ありますか。
　 B 電話が　あります。

② A 机の ________に　何が　ありますか。
　 B ごみ箱が　あります。

③ A 部屋の ________に　何が　ありますか。
　 B ベッドや　机などが　あります。

④ A 机の ________に　何が　ありますか。
　 B 本だなが　あります。

⑤ A 時計は　どこに　ありますか。
　 B ________________________________

⑥ A かばんは　どこに　ありますか。
　 B ________________________________

⑦ A 部屋に　ビデオが　ありますか。
　 B ________________________________

Check! 실력체크 문제

⑧　A　病院は　どこですか。

　　B　銀行の　＿＿＿＿＿に　あります。

⑨　A　電話ボックスは　どこに　ありますか。

　　B　郵便局の　＿＿＿＿＿に　あります。

2　짧은 글짓기

①　저기에 전화박스가 있습니다.

▶ ＿＿＿＿＿＿＿＿＿＿＿＿＿＿＿＿＿＿＿＿＿＿

②　가방 안에 책과 노트와 볼펜 등이 있습니다.

▶ ＿＿＿＿＿＿＿＿＿＿＿＿＿＿＿＿＿＿＿＿＿＿

③　은행은 저 높고 하얀 빌딩 옆입니다.

▶ ＿＿＿＿＿＿＿＿＿＿＿＿＿＿＿＿＿＿＿＿＿＿

姉は　今　アメリカに　います。

누나(언니)는 지금 미국에 있습니다.

핵심문장

01　姉は　今　アメリカに　います。

02　5人家族です。

03　おいくつですか。

01　누나(언니)는 지금 미국에 있습니다.
02　5인 가족입니다.
03　나이(연세)가 어떻게 되십니까?

1 CD23

佐藤（さとう）	イーさんは、何人家族（なんにん か ぞく）ですか。
イー	5人家族です。父（ちち）と　母（はは）、姉（あね）と　妹（いもうと）が　います。
佐藤	じゃ、男（おとこ）の　兄弟（きょうだい）は　いませんね。
イー	ええ。姉は　今（いま）　アメリカに　います。 ソウルには　両親（りょうしん）と　妹が　います。 これが　家族の　写真（しゃしん）です。
佐藤	ああ、この　方（かた）が　イーさんの　お父（とう）さんですか。
イー	ええ、これが　父で、これが　母です。

사토 이 씨는 가족이 몇 분입니까?

이 5인 가족입니다. 아버지와 어머니, 누나와 여동생이 있습니다.

사토 그럼, 남자 형제는 없군요.

이 네. 누나는 지금 미국에 있습니다.

서울에는 부모님과 여동생이 있습니다.

이것이 가족 사진입니다.

사토 아, 이 분이 이 씨의 아버님입니까?

이 네, 이 사람이 아버지이고, 이 사람이 어머니입니다.

새로운 단어

なんにん(何人) 몇 명

かぞく(家族) 가족

ごにん(5人) 다섯 명, 5인

ちち(父) (자신의) 아버지를 남 앞에서 말할 때 사용

はは(母) (자신의) 어머니를 남 앞에서 말할 때 사용

あね(姉) (자신의) 언니, 누나를 남 앞에서 말할 때 사용

いもうと(妹) (자신의) 여동생을 남 앞에서 말할 때 사용

います 있습니다 ▶「いる(있다)」의 정중한 표현

おとこ(男) 남자 ▶보통 '남자'라고 말할 때에는 「男の人(ひと)」라는 말을 사용한다.

きょうだい(兄弟) 형제

いません 없습니다 ▶「います(있다)」의 부정 표현

いま(今) 지금

アメリカ(America) 아메리카, 미국

ソウル(Seoul) 서울

りょうしん(両親) 부모님

しゃしん(写真) 사진

かた(方) 분

お父(とう)さん 아버지 ▶다른 사람의 아버지를 말할 때 사용

2 CD24

佐藤　ご両親、お若いですね。どちらが　お姉さんですか。

イー　　左が　姉で、右が　妹です。

佐藤　妹さんは　おいくつですか。

イー　　二十歳です。

佐藤　それじゃ、イーさんより　三つ　下ですね。

　　　　お姉さんも　きれいですね。前の　男の人は　だれですか。

イー　　ああ、いとこです。

佐藤　そうですか。ハンサムですね。

사토　부모님(이) 젊으시군요. 어느 쪽이 누님입니까?

이　　왼쪽이 누나이고, 오른쪽이 여동생입니다.

사토　여동생은 몇 살입니까?

이　　스무 살입니다.

사토　그럼, 이 씨보다 세 살 아래군요.

　　　누나도 예쁘시네요. 앞의(앞에 있는) 남자는 누구입니까?

이　　아, 사촌입니다.

사토　그렇습니까? 잘생겼군요.

새로운 단어

ごりょうしん(両親)　(남의) 부모님

おわか(若)い　젊다 ▶여기서 「お」가 붙은 것은 다른 사람의 부모님에 대해서 말하기 때문에 경의를 나타낸 것이다.

おねえ(姉)さん　언니, 누나, 누님 ▶남의 언니(누나)를 칭할 때나 가정에서 자기 언니(누나)를 부를 때 사용

ひだり(左)　왼쪽

みぎ(右)　오른쪽

いもうと(妹)さん　여동생분 ▶남의 여동생을 칭할 때 사용

(お)いくつ　①몇 살 ②몇 개, 몇 (⇨6과) ▶여기서 「お」가 붙은 것은 다른 사람의 여동생을 가리키기 때문에 경의를 나타낸 것이다.

はたち(二十歳)　스무 살 ▶「にじゅっさい」라고 읽는 경우도 있다.

みっ(三)つ　①세 살 ②세 개, 셋 (⇨6과)

まえ(前)　앞

おとこ(男)のひと(人)　남자

いとこ　사촌

ハンサムだ(handsome)　핸섬하다, 잘생기다

1 사람 · 동물의 존재를 나타내는 「います」 표현

> # 姉と　妹が　います。
> 누나(언니)와 여동생이 있습니다.

9과에서도 말했듯이, 우리말의 '있습니다'는 일본어로 「あります」 또는 「います」라고 한다. 「あります」는 무생물 · 식물의 존재에 사용하고, 「います」는 사람 · 동물의 존재에 사용한다. 「います」의 부정 표현은 「いません」이다.

① 女の人が　います。 여자가 있습니다.

② 犬が　います。 개가 있습니다.

③ 人が　います。 사람이 있습니다.

④ 男の兄弟は　いません。 남자 형제는 없습니다.

⑤ ここには　だれも　いません。 여기에는 아무도 없습니다.

2 사람 · 동물의 위치를 나타내는 「～に　～が　います」 표현

> # ソウルには　両親と　妹が　います。
> 서울에는 부모님과 여동생이 있습니다.

사람 · 동물의 위치를 구체적으로 답할 때에는 「～に　～が　います(～에 ～가 있습니다)」를 사용한다.

① 高橋さんの　前に　パクさんが　います。 다카하시 씨 앞에 박 씨가 있습니다.

② ドアの　後ろに　子供が　います。 문 뒤에 아이가 있습니다.

③ 私の　右に　猫が　います。 제 오른쪽에 고양이가 있습니다.

④ 妹の　左に　犬が　います。 여동생의 왼쪽에 개가 있습니다.

⑤ 姉は　アメリカに　います。 누나(언니)는 미국에 있습니다.

 **3** 사람 수를 나타내는 「～人」

何人ですか。
몇 명입니까?

1人 ひとり 한 명	6人 ろくにん 여섯 명	11人 じゅういちにん 열한 명
2人 ふたり 두 명	7人 しちにん 일곱 명	12人 じゅうににん 열두 명
3人 さんにん 세 명	8人 はちにん 여덟 명	13人 じゅうさんにん 열세 명
4人 よにん 네 명	9人 きゅうにん 아홉 명	⋮
5人 ごにん 다섯 명	10人 じゅうにん 열 명	20人 にじゅうにん 스무 명

'한 명', '두 명'은 「いちにん」, 「ににん」이라고 하지 않고 「ひとり」, 「ふたり」라고 한다. 그러나 '열한 명' 부터는 「じゅういちにん, じゅうににん…」이라고 한다.

 **4** 나이를 나타내는 「～歳」

何歳ですか。 / おいくつですか。
나이(연세)가 어떻게 되십니까? / 몇 살입니까?

나이를 물을 때의 표현으로는 다음과 같은 것이 있다.

- 何歳ですか。몇 살입니까?
- いくつですか。몇 살입니까?
- おいくつですか。나이(연세)가 어떻게 되십니까?

여기서 가장 정중한 표현인 「おいくつですか」는 손윗사람에게는 물론이고 동년배라도 친하지 않은 사이일 때 사용한다.

1歳	いっさい・ひとつ 한 살	10歳	じゅっさい・とお 열 살
2歳	にさい・ふたつ 두 살	11歳	じゅういっさい 열한 살
3歳	さんさい・みっつ 세 살	12歳	じゅうにさい 열두 살
4歳	よんさい・よっつ 네 살	13歳	じゅうさんさい 열세 살
5歳	ごさい・いつつ 다섯 살		⋮
6歳	ろくさい・むっつ 여섯 살	20歳	はたち 스무 살
7歳	ななさい・ななつ 일곱 살	21歳	にじゅういっさい 스물한 살
8歳	はっさい・やっつ 여덟 살		⋮
9歳	きゅうさい・ここのつ 아홉 살	30歳	さんじゅっさい 서른 살

⑴ 나이를 말할 때 1歳, 8歳, 11歳, 21歳, 28歳, 30歳 등은 발음이 변하므로 주의하자. 또한 「じゅっさい, さんじゅっさい, よんじゅっさい…」는 「じっさい, さんじっさい, よんじっさい…」라고도 말한다.

⑵ '스무 살'은 「はたち」라고 하지만, '스물한 살, 스물두 살……'은 「にじゅういっさい, にじゅうにさい…」라고 해야 한다.

⑶ 10살 정도까지의 아이들의 나이를 셀 때에는 「いっさい, にさい, さんさい…」보다 「ひとつ(한 살), ふたつ(두 살), みっつ(세 살)…」를 더 많이 사용한다.

⑷ 「一つ 上」, 「三つ 下」라고 하면 '한 살 위', '세 살 아래'라는 뜻이 된다.

⑸ 나이를 셀 때 나타내는 우리말의 '∼살(∼세)'는 일본어로 「∼歳」 또는 약자로 「∼才」라고 표기하기도 한다.

 **5**

가족 호칭

일본어는 자기 가족을 나타내는 말과 남의 가족을 나타내는 말이 서로 다르다. 왜냐하면, 자기 가족에 관해서 남에게 이야기할 때는 존경어를 사용하지 않기 때문이다. 그러므로 자기 가족에 대한 호칭에는 경의를 나타내는 「お」나 「ご」, 「～さん」 등을 붙이지 않는다. 그러나, 가정 내에서 가족끼리 부를 때 나보다 윗사람(아버지, 어머니, 형, 누나, 오빠, 언니)에게는 경어를 사용할 수 있다.

이것을 종합하여 표로 나타내면 다음과 같다.

私の～ 나의 ～	○○さんの～ ○○ 씨의 ～	가족끼리 부를 때
父 아버지	お父さん 아버님	お父さん
母 어머니	お母さん 어머님	お母さん
兄 형·오빠	お兄さん 형님·오빠분	(お)兄ちゃん
姉 누나·언니	お姉さん 누님·언니분	(お)姉ちゃん
弟 남동생	弟さん 남동생분	이름
妹 여동생	妹さん 여동생분	이름
主人 남편	ご主人 부군	あなた 여보·당신
夫 남편		또는 이름(～さん)
家内 아내·처	奥さん 부인	이름(～さん)
妻 아내·처		
息子 아들	息子さん 아드님	이름
娘 딸	娘さん 따님 / お嬢さん 따님	이름
子供 아이	お子さん 자녀분	
両親 양친·부모	ご両親 부모님	

심화 학습 1 가족의 수를 물을 때

> A **何人家族ですか。** 몇 인 가족입니까? (가족은 몇 명입니까?)
>
> B **5人家族です。** 5인 가족입니다.(가족은 다섯 명입니다.)

가족이 몇 명인지를 물을 때는 「何人家族ですか」라고 하며, 또는 다음과 같이 말해도 된다. 여기서 「ご」는 「お」와 마찬가지로 경의를 나타낸다.

- A ご家族は 何人ですか。 가족은 몇 분입니까?
- B 4人です。 네 명입니다.

심화 학습 2 「お」와 「ご」

> **ご 両親、お若いですね。** 부모님, 젊으시군요.

(1) 「お」나 「ご」는 단어 앞에 붙어서 상대방에게 속한 물건이나 상대방에 관한 사항에 대해 경의를 표현하는 것이다. 따라서 자기 자신에 관한 것에는 「お」나 「ご」를 붙일 수 없다. 「お」는 고유의 일본어 단어에 붙이고, 「ご」는 한자음으로 읽는 한자어에 붙이는 것이 일반적이지만 예외도 있다.

「お」가 붙는 예
- お友達 친구
- お一人 한 분
- お宅 댁
- お電話 전화
- お好きですか 좋아하십니까?
- おいくつですか 연세가 어떻게 되십니까?

「ご」가 붙는 예
- ご両親 부모님
- ご兄弟 형제
- ご家族 가족
- ご卒業 졸업
- ご結婚 결혼

(2) 「お」나 「ご」는 미화의 기능도 가지고 있다. 이때는 경의를 나타내지 않으므로 나의 경우나 상대방 모두에게 사용할 수 있다. 「お」나 「ご」는 주로 여성이 사용하는 경우가 많지만, 「お茶」나 「ご飯」 등 하나의 단어로 정착된 것은 남녀 모두 사용한다.

- お手洗い 화장실
- お水 물
- お金 돈
- おすし 초밥

1 다음 그림을 보고 보기와 같이 무엇이(누가) 있는지 일본어로 말해 보자.

| 보기 | | ▶ <u>ボールペンは　ありません。</u> |

① ▶ _______________________________

② 佐藤 ▶ _______________________________

③ ▶ _______________________________

④ キム ▶ _______________________________

2 다음 사진을 보고 빈 칸에 들어갈 알맞은 말을 써 넣어 보자.

① イーさんの ________に　鈴木さんが ________。

② キムさんの ________に　ピアノが ________。

③ イーさんと　キムさんの ________に　佐藤さんが ________。

④ 犬は　鈴木さんの　＿＿＿＿＿に　＿＿＿＿＿。

⑤ 佐藤さんの　＿＿＿＿＿に　ドアが　＿＿＿＿＿。

3 보기와 같이 빈 칸에 들어갈 알맞은 말을 써 넣어 보자. (단, 나이는 히라가나로 쓴다.)

> 보기
> A　妹さんは　おいくつですか。（20歳）
> B　妹は　はたちです。

① A　お父さんは　おいくつですか。（54歳）
　 B　＿＿＿＿＿＿＿＿＿＿＿＿＿＿＿＿＿＿＿

② A　＿＿＿＿＿は　おいくつですか。（50歳）
　 B　母は＿＿＿＿＿＿＿＿＿＿＿＿＿＿＿＿＿

③ A　お兄さんは　おいくつですか。（28歳）
　 B　＿＿＿＿＿＿＿＿＿＿＿＿＿＿＿＿＿＿＿

④ A　ご主人は　おいくつですか。（31歳）
　 B　＿＿＿＿＿＿＿＿＿＿＿＿＿＿＿＿＿＿＿

⑤ A　＿＿＿＿＿は　おいくつですか。（29歳）
　 B　家内は＿＿＿＿＿＿＿＿＿＿＿＿＿＿＿＿

해답

1　①猫が　います。　②佐藤さんが　います。　③写真は　ありません。　④キムさんは　いません。
2　①下, います　②右 또는 横, あります　③間, います　④左 또는 横, います　⑤後ろ, あります
3　①父は　ごじゅうよんさいです。　②お母さん, ごじ(ゅ)っさいです。　③兄は　にじゅうはっさいです。
　 ④主人は　さんじゅういっさいです。　⑤奥さん, にじゅうきゅうさいです。

朝は　いつも　パンを　食べます。

아침에는 언제나 빵을 먹습니다.

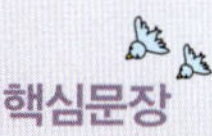

핵심문장

01　**朝は　いつも　パンを　食べます。**

02　**毎朝　6時に　起きます。**

03　**昼休みは　12時から　1時までです。**

01　아침에는 언제나 빵을 먹습니다.

02　매일 아침 6시에 일어납니다.

03　점심시간은 12시부터 1시까지입니다.

私は　毎朝　6時に　起きます。
わたし　まいあさ　じ　お

それから　30分ぐらい　運動を　します。
ぶん　うんどう

朝は　いつも　パンを　食べます。ご飯は　食べません。
た　はん

牛乳や　コーヒーも　飲みます。
ぎゅうにゅう　の

7時半ごろ　家を　出ます。
じ はん　いえ　で

会社まで　電車で　行きます。
かいしゃ　でんしゃ　い

家から　会社までは　50分ぐらい　かかります。
ぶん

電車の　中では　新聞を　読みます。
なか　しんぶん　よ

音楽も　聞きます。
おんがく　き

나는 매일 아침 6시에 일어납니다.

그리고 나서 30분 정도 운동을 합니다.

아침에는 언제나 빵을 먹습니다. 밥은 먹지 않습니다.

우유나 커피도 마십니다.

7시 반 쯤에 집을 나옵니다.

회사까지 전철로 갑니다.

집에서 회사까지는 50분 정도 걸립니다.

전철 안에서는 신문을 읽습니다.

음악도 듣습니다.

새로운 단어

まいあさ(毎朝) 매일 아침	**ぎゅうにゅう(牛乳)** 우유
～じ(時) ～시	**の(飲)む** 마시다 [1그룹]
お(起)きる 일어나다 [2그룹]	**はん(半)** 반
～ます ～합니다, ～습니다	**～ごろ** ～쯤, ～경 ▶시간·시기를 나타낸다.
それから 그리고 나서	**いえ(家)** 집 ▶「うち」라고 읽기도 한다.
～ふん(分) ～분 ▶앞에 오는 숫자에 따라 「～ぷん」으로도 발음한다.	**で(出)る** 나가다, 나오다 [2그룹]
～ぐらい ～쯤, ～정도 ▶수량을 나타낸다.	**かいしゃ(会社)** 회사
うんどう(運動) 운동	**～まで** (시간) ～까지
～を ～을, ～를 ▶목적격 조사이다.	**でんしゃ(電車)** 전철
する 하다 [3그룹]	**～で** (수단) ～(으)로, (장소) ～에서
あさ(朝) 아침	**い(行)く** 가다 [1그룹]
いつも 언제나	**～から** ～부터 ▶여기서 「～から ～まで(～에서 ～까지)」는 공간의 범위를 나타낸다.
パン 빵	**かかる** 걸리다 [1그룹]
た(食)べる 먹다 [2그룹]	**～では** (장소) ～에서는
ごはん(飯) 밥	**よ(読)む** 읽다 [1그룹]
～ません ～지 않습니다 ▶부정을 나타낸다.	**き(聞)く** 듣다, 묻다 [1그룹]

2 CD26

会社は　9時から　始まります。
かいしゃ　　じ　　　　はじ

昼休みは　12時から　1時までです。
ひるやす

会社は　6時に　終わります。
　　　　　　　　お

7時半ごろ　家へ　帰ります。
　　はん　　いえ　かえ

夕ご飯は　たいてい　家で　食べます。
ゆう　はん　　　　　　　　た

それから　テレビの　ニュースを　見ます。
　　　　　　　　　　　　　　　　　み

夜は　1時間ぐらい　日本語を　勉強します。
よる　　じかん　　　にほんご　べんきょう

11時ごろ　寝ます。
　　　　　ね

회사는 9시부터 시작됩니다.

점심시간은 12시부터 1시까지입니다.

회사는 6시에 끝납니다.

7시 반 쯤에 집에 돌아옵니다.

저녁은 대개 집에서 먹습니다.

그리고 나서 텔레비전 뉴스를 봅니다.

밤에는 1시간 정도 일본어를 공부합니다.

11시 쯤에 잡니다.

새로운 단어

はじ(始)まる 시작되다 1그룹	**テレビ(television)** 텔레비전
ひるやす(昼休)み 점심시간	**ニュース(news)** 뉴스
お(終)わる 끝나다, 끝내다 1그룹	**み(見)る** 보다 2그룹
〜へ (장소) 〜에	**よる(夜)** 밤
かえ(帰)る 돌아오다, 돌아가다 1그룹	**〜じかん(時間)** 〜시간
ゆう(夕)ごはん(飯) 저녁밥	**べんきょう(勉強)する** 공부하다
たいてい 대개, 보통	**ね(寝)る** 자다 2그룹

1 동사의 종류

일본의 학교문법에서는 동사를 다섯 개로 나누어 부르고 있다. 5段 동사·上1段 동사·下1段 동사·カ行변격 동사·サ行변격 동사 등이 그것이다. 그러나 이 책에서는 크게 세 가지(1그룹 동사·2그룹 동사·3그룹 동사)로 나누어 부르기로 하겠다.

일본어의 동사는 기본형(사전에 실려 있는 형태)이 항상 50음도의 「う단」음으로 끝난다.

> **보기** いく(行く) 가다　(か　き　**く**　け　こ)
>
> 　　　 とぶ(飛ぶ) 날다　(ば　び　**ぶ**　べ　ぼ)
>
> 　　　 の**む**(飲む) 마시다　(ま　み　**む**　め　も)
>
> 　　　 み**る**(見る) 보다　(ら　り　**る**　れ　ろ)
>
> 　　　 く**る**(来る) 오다　(ら　り　**る**　れ　ろ)

1그룹 동사 **(5단 동사)**	① 기본형이 「る」가 아니라, 「う·く·ぐ·す·つ·ぬ·む·ぶ」로 끝나는 동사 **보기**　の**む**(飲む) 마시다　い**く**(行く) 가다　なら**う**(習う) 배우다 ② 기본형이 「る」로 끝나면서 「る」 앞의 음이 「あ단」, 「う단」, 「お단」인 동사 **보기**　か**か**る 걸리다 (**か**　き　く　け　こ) 　　　 **ふ**る(降る) 내리다 (は　ひ　**ふ**　へ　ほ) 　　　 **の**る(乗る) 타다 (な　に　ぬ　ね　**の**)
2그룹 동사 **(상1단 동사·** **하1단 동사)**	① 기본형이 「る」로 끝나고, 「る」 앞의 음이 「い단」인 동사 **보기**　お**き**る(起きる) 일어나다 (か　**き**　く　け　こ) 　　　 み**る**(見る) 보다 (ま　**み**　む　め　も) 　　　 **い**る 있다 (あ　**い**　う　え　お) ② 기본형이 「る」로 끝나고, 「る」 앞의 음이 「え단」인 동사 **보기**　た**べ**る(食べる) 먹다 (ば　び　ぶ　**べ**　ぼ) 　　　 **で**る(出る) 나가(오)다 (だ　ぢ　づ　**で**　ど) 　　　 **ね**る(寝る) 자다 (な　に　ぬ　**ね**　の)
3그룹 동사 **(カ행 변격 동사·** **サ행 변격 동사)**	3그룹 동사는 두 개밖에 없으므로 외워두도록 하자. ・くる(来る) 오다 ・する 하다

물론 예외도 있어서 위에서 설명한 기준으로 나누어지지 않는 동사도 있다. 이러한 동사는 한 꺼번에 외우려고 하지 말고 문장 속에 나올 때마다 하나씩 익혀두는 게 좋다. 다음 보기의 동사 는 전부 1그룹 동사이다.

> 보기 かえる(帰る) 돌아가(오)다　はいる(入る) 들어가(오)다　しる(知る) 알다

 2　동사의 ます형

우리말의 '간다' 가 '갑니다' 로 되면 정중한 표현이 되듯이 일본어도 동사의 기본형에 「ます」를 붙이면 정중한 표현이 된다. 동사의 기본형을 「ます」와 연결할 때에는 동사의 종류에 따라 그 연결 방법이 다르다. 이 때 「ます」 앞까지의 동사 부분을 「동사의 ます형」이라고 한다. 「～ま す」는 우리말로는 '～합니다' 또는 '～하겠습니다' 라는 의미를 나타낸다.

1그룹 동사 (5단 동사)	기본형의 끝의 「う단」음을 「い단」음으로 바꾸고 「ます」를 붙인다. 보기 のむ(飲む) → のみます (ま　み　む　め　も) 　　　마시다　　　　마십니다, 마시겠습니다 　　　いく(行く) → いきます (か　き　く　け　こ) 　　　가다　　　　　갑니다, 가겠습니다 　　　かかる → かかります (ら　り　る　れ　ろ) 　　　걸리다　　걸립니다, 걸리겠습니다
2그룹 동사 (상1단 동사· 하1단 동사)	기본형의 끝의 「る」를 없애고 「ます」를 붙인다. 보기 おきる(起きる) 일어나다 →　おきます 일어납니다, 　　　　　　　　　　　　　　　　　　　일어나겠습니다 　　　いる 있다 →　います 있습니다, 있겠습니다 　　　たべる(食べる) 먹다 →　たべます 먹습니다, 먹겠습니다
3그룹 동사 (カ행 변격 동사· サ행 변격 동사)	보기 くる(来る) 오다 →　きます 옵니다, 오겠습니다 　　　する 하다 →　します 합니다, 하겠습니다 ＊ 우리말의 '졸업하다', '공부하다', '취직하다' 등에 해당하는 「한자어 ＋ する」 동사는 「する」와 같은 형태로 활용한다. 보기 勉強する 공부하다 →　勉強します 공부합니다, 　　　　　　　　　　　　　　　　공부하겠습니다

꼭꼭 3 반복적·습관적인 일을 나타내는 「ます」 표현

> 私は 毎朝 6時に 起きます。
> 나는 매일 아침 6시에 일어납니다.

여기서 「〜ます」는 「毎朝」, 「いつも」, 「たいてい」, 「毎日」라는 부사에서 알 수 있듯이 반복적이거나 습관적으로 일어나는 일들을 표현하고 있다.

① 朝は いつも 牛乳を 飲みます。 아침에는 언제나 우유를 마십니다.
② 夕ご飯は たいてい 家で 食べます。 저녁밥은 대개 집에서 먹습니다.
③ 毎日 学校へ 行きます。 매일 학교에 갑니다.
④ 家から 会社まで 50分ぐらい かかります。 집에서 회사까지 50분 정도 걸립니다.
⑤ 会社まで 電車で 行きます。 회사까지 전철로 갑니다.
⑥ 毎日 10時から 11時まで 勉強します。 매일 10시부터 11시까지 공부합니다.

꼭꼭 4 ます형의 부정 표현 「〜ません」

> A 朝は ご飯を 食べますか。 아침에는 밥을 먹습니까?
>
> B いいえ、ご飯は 食べません。 아니요, 밥은 먹지 않습니다.
>
> パンを 食べます。 빵을 먹습니다.

동사의 ます형의 부정 표현은 「〜ません」이다. 참고로, 의문 표현은 「〜ますか」가 된다.

① A 日曜日にも 学校へ 行きますか。 일요일에도 학교에 갑니까?

　 B いいえ、日曜日には 行きません。 아니요, 일요일에는 가지 않습니다.

② A 会社で 新聞を 読みますか。 회사에서 신문을 읽습니까?

　 B いいえ、会社では 読みません。 아니요, 회사에서는 읽지 않습니다.

 **5** 시간을 나타내는 표현

何時　何分ですか。
（なんじ　なんぷん）
몇 시 몇 분입니까?

시간을 나타내는 단위는 「～時」이고, 분을 나타내는 단위는 「～分」이다. 「～分」은 「ふん」 또는 「ぷん」으로 발음한다. 다음은 시간을 말하는 방법이다. 강조된 글자에 유의하며 외워두자.

1時	いちじ		5分	ごふん
2時	にじ		10分	じゅっぷん・じっぷん
3時	さんじ		15分	じゅうごふん
4時	よじ		20分	にじゅっぷん・にじっぷん
5時	ごじ		25分	にじゅうごふん
6時	ろくじ		30分	さんじゅっぷん・さんじっぷん
7時	しちじ		半	はん
8時	はちじ		35分	さんじゅうごふん
9時	くじ		40分	よんじゅっぷん・よんじっぷん
10時	じゅうじ		45分	よんじゅうごふん
11時	じゅういちじ		50分	ごじゅっぷん・ごじっぷん
12時	じゅうにじ		55分	ごじゅうごふん

참고로, '초'를 나타내는 단위는 「秒（びょう）」라고 한다. 보통 시간을 물을 때에는 「失礼ですが、今何時ですか。（しつれい）（いま）(실례지만, 지금 몇 시입니까?)」라고 하면 된다. 다음 그림을 보면서 시간을 말하는 연습을 해 보자.

① 

A　失礼ですが、今　何時ですか。실례지만, 지금 몇 시입니까?
B　よじ　ごふんです。4시 5분입니다.

4時5分
（よじ　ごふん）

② 

A 失礼ですが、今　何時ですか。 실례지만, 지금 몇 시입니까?
B しちじ　ごじ（ゅ）っぷんです。 7시 50분입니다.
B′ はちじ　じ（ゅ）っぷんまえです。 8시 10분 전입니다.

7時50分
（しちじ　ごじゅっぷん）

8時10分前
（はちじ　じゅっぷんまえ）

③ 

A 失礼ですが、今　何時ですか。 실례지만, 지금 몇 시입니까?
B じゅうにじ　はんです。 12시 반입니다.
B′ じゅうにじ　さんじ（ゅ）っぷんです。 12시 30분입니다.

12時半
（じゅうにじ　はん）

④ 

A 失礼ですが、今　何時ですか。 실례지만, 지금 몇 시입니까?
B くじ　にじ（ゅ）っぷんです。 9시 20분입니다.

9時20分
（くじ　にじゅっぷん）

1 범위를 한정하는 「〜から 〜まで」 표현

> **家から　会社まで** 집에서 회사까지
>
> **12時から　1時まで** 12시부터 1시까지

「〜から 〜まで」는 '(어디)에서 (어디)까지' 라는 공간적인 범위와 '(언제)부터 (언제)까지' 라는 시간적인 범위를 나타낸다.

① **ソウルから　インチョンまでは　あまり　遠く　ありません。**
서울에서 인천까지는 그다지 멀지 않습니다.

② **昼休みは　何時から　何時までですか。**
점심시간은 몇 시부터 몇 시까지입니까?

2 「で」의 용법 → ① 수단·도구 ② 장소

> **会社まで　電車で　行きます。** 회사까지 전철로 갑니다.
>
> **電車の　中では　新聞を　読みます。** 전철 안에서는 신문을 읽습니다.

「で」가 '수단·도구' 를 나타내는 경우에는 '〜(으)로' 라는 뜻이 되고, '장소' 를 나타내는 경우에는 '〜에서' 라는 뜻이 된다.

① **たいてい　黒い　ボールペンで　書きます。** 대개 검은색 볼펜으로 씁니다.

② **学校の　図書館で　勉強します。** 학교 도서관에서 공부합니다.

 **3** **때와 식사를 나타내는 말**

- 朝 아침
- 昼 낮
- 夕方 저녁
- 夜／晩 밤
- 毎日 매일
- 毎朝 매일 아침
- 毎晩 매일 밤
- 朝ご飯 아침밥
- (お)昼ご飯 점심밥
- 夕ご飯／晩ご飯 저녁밥

* 점심밥은 「お昼」라고만 말하기도 한다.

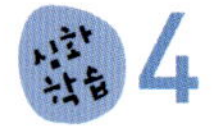 **4** **「夜は」의 해석**

> **夜は** 1時間ぐらい 日本語を 勉強します。
> 밤에는 1시간 정도 일본어를 공부합니다.

위의 문장에서 일본어 「夜は」는 우리말로 '밤은' 이라고 해석하지 않고, '밤에는' 이라고 해야 자연스럽다. 일본어의 「夜」나 「~ごろ(~쯤)」, 「昼(낮)」, 「夕方(저녁)」 뒤에는 때를 나타내는 조사 「に」가 있어도 되고 없어도 되는데, 보통은 「に」를 붙이지 않는다. 그러나 우리말로 해석할 때는 항상 '~에' 를 붙여 주어야 자연스러운 표현이 된다.

① 朝は いつも パンを 食べます。 아침에는 언제나 빵을 먹습니다.
② 11時ごろ 寝ます。 11시 쯤에 잡니다.

1　다음을 같은 것끼리 연결해 보자.

　① 4時　25分　　・　　　　・　ⓐ しちじ　ごじゅっぷん

　② 12時　半　　・　　　　・　ⓑ じゅうにじ　はん

　③ 7時　50分　　・　　　　・　ⓒ くじ　じゅっぷんまえ

　④ 9時　10分前　・　　　　・　ⓓ よじ　にじゅうごふん

　⑤ 2時　15分　　・　　　　・　ⓔ にじ　じゅうごふん

2　다음 ○ 안에 알맞은 조사를 써 넣어 보자.

　① 夜、何時○　寝ますか。

　② 学校○　行きます。

　③ 電車○　会社○　行きます。

　④ 家○　勉強します。

　⑤ 電車の　中○　新聞○　読みます。

　⑥ 家○○　会社○○　何分ぐらい　かかりますか。

　⑦ 昼休みは　12時○○　1時○○です。

　⑧ 日曜日○○　学校○　行きません。

3 다음 물음에 보기와 같이 답해 보자.

보기
A　いつも　牛乳を　飲みますか。（O）
B　はい。いつも　牛乳を　飲みます。

① A　毎日　ご飯を　食べますか。（O）
　 B　_______________________________________

② A　毎日　会社へ　行きますか。（×）
　 B　_______________________________________

③ A　毎日　運動を　しますか。（O）
　 B　_______________________________________

④ A　日曜日にも　勉強を　しますか。（×）
　 B　_______________________________________

해답

1　①ⓓ　②ⓑ　③ⓐ　④ⓒ　⑤ⓔ
2　①に　②へ　③で, へ　④で　⑤で, を　⑥から, まで　⑦から, まで　⑧には, へ
3　①はい。毎日　ご飯を　食べます。　②いいえ。毎日　会社へ　行きません。
　 ③はい。毎日　運動を　します。　④いいえ。日曜日には　勉強を　しません。

<ruby>金<rt>きん</rt></ruby><ruby>曜<rt>よう</rt></ruby><ruby>日<rt>び</rt></ruby>の　コンパに　<ruby>行<rt>い</rt></ruby>きますか。

금요일 모임에 갈 겁니까?

핵심문장

<u>01</u>　金曜日の　コンパに　行きますか。

<u>02</u>　授業は　ありませんが、デパートへ
　　　行きます。

<u>03</u>　何か　買いますか。

<u>01</u>　금요일 모임에 갈 겁니까?

<u>02</u>　수업은 없습니다만, 백화점에 갈 겁니다.

<u>03</u>　뭔가 살 겁니까?

1 CD27

イー　　佐藤さん、今、時間が　ありますか。

佐藤　　今は　ちょっと…　これから　アルバイトです。

イー　　あしたは？

佐藤　　授業は　ありませんが、午後　デパートへ　行きます。

イー　　何か　買いますか。

佐藤　　ええ。プレゼントを　買います。

イー　　だれか　いっしょに　行きますか。

佐藤　　いいえ、一人で　行きます。

이   사토 씨, 지금 시간이 있습니까?

사토   지금은 좀…… 지금부터 아르바이트입니다.

이   내일은요?

사토   수업은 없습니다만, 오후에 백화점에 갈 겁니다.

이   뭔가 살 겁니까?

사토   네. 선물을 살 겁니다.

이   누군가 함께 갑니까?

사토   아니요, 혼자서 갑니다.

새로운 단어

ちょっと 조금, 좀	ごご(午後) 오후
これから 지금부터, 이제부터	なにか(何か) 뭔가, 무엇인가
アルバイト(Arbeit) 아르바이트	か(買)う 사다 **1그룹**
あした(明日) 내일	プレゼント(present) 프레젠트, 선물
じゅぎょう(授業) 수업	だれか 누군가
〜が 〜지만 ▶대비되는 두 개의 문장을 연결하는 기능을 가지고 있다.	いっしょ(一緒)に 같이, 함께
	ひとり(一人)で 혼자서

2 CD28

イー　　あのう、佐藤さんは　金曜日の　コンパに　行きますか。

佐藤　　いいえ、私は　行きません。学校で　セミナーが　あります。

　　　　イーさんは　コンパに　行きますか。

イー　　ええ、私は　行きます。

佐藤　　あ、イーさんは、いつ　レポートを　出しますか。

イー　　レポートは　水曜日に　出します。でも、テストが　心配です。

佐藤　　大丈夫です。日本語の　テストは　難しく　ありません。

イー　　文法は　難しく　ありませんが、作文に　自信が　ありません。

이	저기, 사토 씨는 금요일 모임에 갈 겁니까?
사토	아니요, 저는 가지 않을 겁니다. 학교에서 세미나가 있습니다.
	이 씨는 모임에 갈 겁니까?
이	네, 저는 갈 겁니다.
사토	아, 이 씨는 언제 리포트를 제출할 겁니까?
이	리포트는 수요일에 낼 겁니다. 그렇지만 테스트가 걱정입니다.
사토	괜찮습니다. 일본어 시험은 어렵지 않습니다.
이	문법은 어렵지 않습니다만, 작문에 자신이 없습니다.

새로운 단어

きんようび(金曜日) 금요일
コンパ (주로 대학생들의) 술 마시는 모임
  ▶「コンパニー(company)」에서 온 말
がっこう(学校) 학교
セミナー(seminar) 세미나
いつ 언제
レポート(report) 리포트
だ(出)す 내다, 제출하다 1그룹
すいようび(水曜日) 수요일

でも 그렇지만, 그러나 ▶역접을 나타낸다.
テスト(test) 테스트, 시험
しんぱい(心配)だ 걱정이다, 염려되다, 근심
  스럽다
だいじょうぶ(大丈夫)だ 걱정없다, 괜찮다
むずか(難)しい 어렵다
ぶんぽう(文法) 문법
さくぶん(作文) 작문
じしん(自信) 자신

1 의향·의지·미래의 뜻을 나타내는 「ます」 표현

> あしたの　午後、デパートへ　行き**ます**。
> 내일 오후에 백화점에 갈 겁니다.

일본어에서의 「〜ます」는 반복적·습관적으로 일어나는 일들을 나타내기도 하고(⇨11과), 의향이나 의지, 미래의 일들을 나타내기도 한다. 여기서 학습할 「〜ます」는 '〜하겠습니다, 〜할 겁니다' 와 같이 의향이나 의지, 미래에 일어날 일들을 나타낸다.

① A 何を　飲み**ますか**。 무엇을 마시겠습니까?

　 B 紅茶を　飲み**ます**。 홍차를 마시겠습니다.

② A 何を　食べ**ますか**。 무엇을 먹겠습니까?

　 B ラーメンを　食べ**ます**。 라면을 먹겠습니다.

③ A 何を　見**ますか**。 무엇을 보겠습니까?

　 B ニュースを　見**ます**。 뉴스를 보겠습니다.

④ きょうから　お酒は　飲み**ません**。 오늘부터 술은 마시지 않겠습니다.

⑤ あした　友達の　家へ　行き**ます**。 내일 친구 집에 갈 겁니다.

⑥ あした　電話し**ます**。 내일 전화하겠습니다.

2 불확실한 추측을 나타내는 조사 「か」

> A **何か**　買い**ますか**。 뭔가 살 겁니까?
>
> B **ええ**、プレゼントを　買い**ます**。 네, 선물을 살 겁니다.

「何か」, 「誰か」, 「どこか」의 「か」는 불확실한 추측을 나타내는 조사이다.

　 A 何か　買いますか。 뭔가 살 겁니까?

　 B はい、買います。 네, 살 겁니다.

　 B′ いいえ、買いません。 아니요, 안 살 겁니다.

C　何を　買いますか。무엇을 살 겁니까?
D　プレゼントを　買います。선물을 살 겁니다.

A와 C를 비교해 보았을 때 A는 상대방이 무언가를 살지 안 살지 모르는 상황에서 묻는 것이지만, C는 상대방이 무언가를 살 것이라는 사실을 아는 전제 하에서 무엇을 살 것인지를 묻는 것이다. 여기서 주의할 사항은 C와 같이 무엇을 살 것이냐고 물었을 경우에는 그 내용물(3번에서는 プレゼント)을 들어 답해야 하지만, A와 같이 물었을 경우에는 우선 살 것인지 안 살 것인지의 여부를 「はい」나 「いいえ」를 사용하여 답해야 한다. 물론 위 B의 예문과 같이 「ええ(=はい)」라고 대답한 후에 살 것이 무엇인지를 함께 말해도 된다.

① A　どこかへ　行きますか。어딘가에 갈 겁니까?
　 B　はい、図書館へ　行きます。네, 도서관에 갈 겁니다.

② A　だれか　来ますか。누군가 올 겁니까?
　 B　ええ、お客さんが　来ます。네, 손님이 올 겁니다.

③ A　だれか　いっしょに　行きますか。누군가 같이 갈 겁니까?
　 B　いいえ、一人で　行きます。아니요, 혼자서 갈 겁니다.

＊「一人で」의 「で」는 동작을 행할 때의 상황을 나타낸다. 참고로 '둘이서'는 「二人で」, '셋이서'는 「三人で」라고 한다.

3　대비의 의미를 가지는 「～が」의 표현

授業は　ありませんが、デパートへ　行きます。
수업은 없습니다만, 백화점에 갈 겁니다.
◀ 授業は　ありません。でも　デパートへ　行きます。
수업은 없습니다. 그렇지만 백화점에 갈 겁니다.

여기서 「～が」는 대비되는 관계에 있는 두 개의 사항(문장)을 연결하는 기능을 가지고 있다.

① ご飯は　食べませんが、パンは　食べます。밥은 먹지 않습니다만, 빵은 먹습니다.
　◀ ご飯は　食べません。でも　パンは　食べます。
　밥은 먹지 않습니다. 그렇지만 빵은 먹습니다.

② テレビは 見<ruby>み</ruby>ませんが、本<ruby>ほん</ruby>は 読<ruby>よ</ruby>みます。 텔레비전은 보지 않지만, 책은 읽습니다.

◀ テレビは 見ません。でも 本は 読みます。

텔레비전은 보지 않습니다. 그렇지만 책은 읽습니다.

③ デザインは いいですが、高<ruby>たか</ruby>いです。 디자인은 좋지만, 비쌉니다.

◀ デザインは いいです。でも 高いです。 디자인은 좋습니다. 그렇지만 비쌉니다.

④ 文法<ruby>ぶんぽう</ruby>は 難<ruby>むずか</ruby>しく ありませんが、作文<ruby>さくぶん</ruby>に 自信<ruby>じしん</ruby>が ありません。

문법은 어렵지 않습니다만, 작문에 자신이 없습니다.

◀ 文法は 難しく ありません。でも 作文に 自信が ありません。

문법은 어렵지 않습니다. 그렇지만 작문에 자신이 없습니다.

4 날을 나타내는 표현

| 一昨日<ruby>おととい</ruby> 그저께 ◀ | 昨日<ruby>きのう</ruby> 어제 ◀ | 今日<ruby>きょう</ruby> 오늘 ▶ | 明日<ruby>あした</ruby> 내일 ▶ | 明後日<ruby>あさって</ruby> 모레 |

'그저께'와 '모레'는 히라가나로 쓰이는 경우가 많다.

5 요일을 나타내는 표현

何曜日<ruby>なんようび</ruby>ですか。 무슨 요일입니까?

日曜日<ruby>にちようび</ruby> 일요일	月曜日<ruby>げつようび</ruby> 월요일	火曜日<ruby>かようび</ruby> 화요일	水曜日<ruby>すいようび</ruby> 수요일
木曜日<ruby>もくようび</ruby> 목요일	金曜日<ruby>きんようび</ruby> 금요일	土曜日<ruby>どようび</ruby> 토요일	何曜日<ruby>なんようび</ruby> 무슨 요일

1 그림을 보고 다음 물음에 보기와 같이 답해 보자.

보기

A 何を　飲みますか。
B <u>コーヒーを　飲みます。</u>

① A 何を　食べますか。
　 B ___________________________________

② A 何を　飲みますか。
　 B ___________________________________

③ A 何を　読みますか。
　 B ___________________________________

④ A どこへ　行きますか。
　 B ___________________________________

2 다음 ○ 안에 들어갈 알맞은 조사를 써 넣어 보자.

① A 何○　買いますか。
　 B 洋服を　買います。

② A 何○　買いますか。
　 B ええ、くつを　買います。

③ A だれ○　来ますか。
　 B お客さんが　来ます。

④　A　どこ◯へ　行きますか。
　　B　いいえ、どこへも　行きません。

⑤　A　部屋◯　中に　だれ◯　いますか。
　　B　いいえ、だれも　いません。

3　짧은 글짓기

①　木村 씨는 오지만, 佐藤 씨는 안 옵니다.

　▶ ____

②　테스트는 모레 있습니다.

　▶ ____

③　책은 사겠습니다만, 사전은 사지 않겠습니다.

　▶ ____

④　오늘은 토요일입니다.

　▶ ____

⑤　방 안에는 아무도 없습니다.

　▶ ____

해답

1　①パンを　食べます。　②ジュースを　飲みます。　③新聞を　読みます。　④郵便局へ　行きます。
2　①を　②か　③が　④か　⑤の, か
3　①木村さんは　来ますが、佐藤さんは　来ません。　②テストは　あさって　あります。　③本は　買いますが、辞書は　買いません。　④きょうは　土曜日です。　⑤部屋の　中には　誰も　いません。

何^{なに}か 食^たべましょうか。

뭔가 먹을까요?

핵심문장

<u>01</u> **何か　食べましょうか。**

<u>02</u> **食べましょう。**

<u>03</u> **てんぷら定食は　どうですか。**

<u>01</u> 뭔가 먹을까요?

<u>02</u> 먹읍시다.

<u>03</u> 튀김정식은 어떻습니까?

1 CD29

イー	もう　2時ですね。何か　食べましょうか。
佐藤	ええ、食べましょう。
イー	てんぷら定食は　どうですか。
佐藤	いいですね。行きましょう。

イー	韓国語の　勉強は　おもしろいですか。
佐藤	ええ、おもしろいですが、授業は　たいへんです。
イー	何が　いちばん　たいへんですか。
佐藤	発音が　いちばん　難しいです。
イー	そうですか。

佐藤	来週は　また　試験が　あります。
イー	試験は、いつから　いつまでですか。
佐藤	24日から　来月の　2日までです。

이	벌써 2시군요. 뭔가 먹을까요?
사토	네, 먹읍시다.
이	튀김정식은 어떻습니까?
사토	좋지요. 갑시다.

이	한국어 공부는 재미있습니까?
사토	네, 재미있습니다만, 수업은 힘듭니다.
이	무엇이 가장 힘듭니까?
사토	발음이 가장 어렵습니다.
이	그렇습니까?
사토	다음 주에는 또 시험이 있습니다.
이	시험은 언제부터 언제까지입니까?
사토	24일부터 다음 달 2일까지입니다.

새로운 단어

もう 벌써, 이미
〜ましょうか 〜(ㄹ)까요? ▶ 의사·의향을 묻는 표현이다.
〜ましょう 〜(ㅂ)시다 ▶ 권유를 나타내는 표현이다.
てんぷら 튀김
ていしょく(定食) 정식, 백반
かんこくご(韓国語) 한국어
おもしろ(面白)い 재미있다

たいへん(大変)だ 큰일이다, 힘들다
はつおん(発音) 발음
らいしゅう(来週) 다음 주
また 또, 다시
しけん(試験) 시험
にじゅうよっか(二十四日) 24일
らいげつ(来月) 다음 달
ふつか(二日) 2일

2 CD30

イ	あのう、いっしょに　映画でも　どうですか。
佐藤	いつですか。
イ	今度の　週末は　どうですか。
佐藤	土曜日は　ちょっと…　約束が　あります。
イ	そうですか。日曜日は　どうですか。
佐藤	日曜日は　大丈夫です。何時に　会いましょうか。
イ	1時に　会いましょう。どこで　会いましょうか。
佐藤	映画館の　前で　会いましょう。

이 　　저기, 함께 영화라도 어떻습니까?

사토 　언제요?

이 　　이번 주말은 어떻습니까?

사토 　토요일은 좀…… 약속이 있습니다.

이 　　그렇습니까? 일요일은 어떻습니까?

사토 　일요일은 괜찮습니다. 몇 시에 만날까요?

이 　　1시에 만납시다. 어디에서 만날까요?

사토 　영화관 앞에서 만납시다.

새로운 단어

えいが(映画) 영화	**どようび(土曜日)** 토요일
〜でも 〜라도	**やくそく(約束)** 약속
こんど(今度) 이번, 이다음	**あ(会)う** 만나다 1그룹
しゅうまつ(週末) 주말	**えいがかん(映画館)** 영화관

1 의사·의향을 묻는 표현 「～ましょうか」, 권유 표현 「～ましょう」

> A 何か 食べ**ましょうか**。 뭔가 먹을까요?
>
> B ええ、食べ**ましょう**。 네, 먹읍시다.

「～ましょうか」는 '～할까요?' 라는 뜻으로 동사의 ます형에 붙어 상대방의 의사나 의향을 물을 때 사용한다. 또한, 「～ましょう」는 '～합시다' 라는 뜻이며, 「～ましょうか」와 마찬가지로 동사의 ます형에 붙어 상대방에게 어떤 행동을 권유할 때 사용하는 표현이다.

보기 行きます → 行きましょうか／行きましょう

します → しましょうか／しましょう

① A 手伝い**ましょうか**。 도와드릴까요?

   B すみません。おねがいします。 미안합니다. 부탁합니다.

② A どこで 会い**ましょうか**。 어디서 만날까요?

   B ホテルの コーヒーショップで 会い**ましょう**。 호텔 커피숍에서 만납시다.

③ A いつか いっしょに 行き**ましょう**。 언젠가 함께 갑시다.

   B ええ、そうし**ましょう**。 네, 그렇게 합시다.

2 상대방의 의향을 묻는 「どうですか」 표현

> A てんぷら定食は どうですか。 튀김정식은 어떻습니까?
>
> B いいですね。 좋군요.

「どう」는 '어떻게' 라는 뜻으로도 쓰이지만, 「どうですか」의 형태가 되면 '어떻습니까?' 라는 뜻으로 상대방의 의향을 묻는 표현이 된다. 참고로, 「どうですか」 보다 정중한 표현으로는 「いかがですか(어떠십니까?)」가 있다.

① A お茶、どうですか。 차 어떻습니까? (차 드시겠습니까?)

 B ありがとう。いただきます。 고마워요. 그럼 마시겠습니다.

＊「いただきます」는 음식물을 먹기 전에 하는 인사말로 '잘 먹겠습니다, 잘 마시겠습니다' 라는 뜻이다.(⇨8과) 그런데, 여기서 사용된 「いただきます」는 먹기 전에 하는 인사말이 아니라, '(차를) 마시겠습니다' 즉, 「飲みます」라는 자기의 의사를 정중하게 표현한 것이다.

② A 週末、映画でも どうですか。 주말에 영화라도 어떻습니까?

 B 土曜日は ちょっと… 約束が あります。 토요일은 좀…… 약속이 있습니다.

③ A 日曜日は どうですか。 일요일은 어떻습니까?

 B 日曜日は 大丈夫です。 일요일은 괜찮습니다.

3 범위를 나타내는 「〜から 〜まで」 표현

> A いつから いつまでですか。
> 언제부터 언제까지입니까?
> B 24日から 来月の 2日までです。
> 24일부터 다음 달 2일까지입니다.

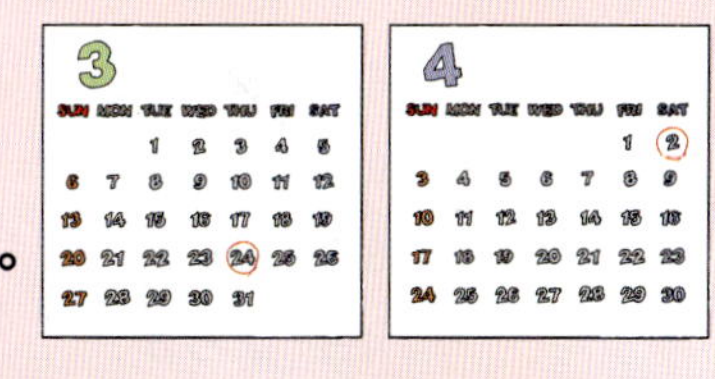

「〜から 〜まで」는 11과에서도 설명했듯이 시간적·공간적인 범위를 나타낸다. 날짜와 요일, 시간 등 때(시간)를 나타내는 말과 장소(공간)를 나타내는 말들로 연습해 보자.

① 日本語の 授業は 月曜日から 金曜日までです。
일본어 수업은 월요일부터 금요일까지입니다.

② 映画は 土曜日の 夜 9時から 11時までです。
영화는 토요일 밤 9시부터 11시까지입니다.

③ 今月は 1日から 31日までです。
이번 달은 1일부터 31일까지입니다.

④ 家から 会社まで 1時間 かかります。
집에서 회사까지 1시간 걸립니다.

4 월을 나타내는 표현

なんがつ
何月ですか。 몇 월입니까?

いちがつ **1月** 1월	にがつ **2月** 2월	さんがつ **3月** 3월	しがつ **4月** 4월	ごがつ **5月** 5월	ろくがつ **6月** 6월
しちがつ **7月** 7월	はちがつ **8月** 8월	くがつ **9月** 9월	じゅうがつ **10月** 10월	じゅういちがつ **11月** 11월	じゅうにがつ **12月** 12월

5 날짜를 나타내는 표현

なんにち
何日ですか。 며칠입니까?

1日	ついたち	11日	じゅういちにち	21日	にじゅういちにち
2日	ふつか	12日	じゅうににち	22日	にじゅうににち
3日	みっか	13日	じゅうさんにち	23日	にじゅうさんにち
4日	よっか	14日	じゅうよっか	24日	にじゅうよっか
5日	いつか	15日	じゅうごにち	25日	にじゅうごにち
6日	むいか	16日	じゅうろくにち	26日	にじゅうろくにち
7日	なのか	17日	じゅうしちにち	27日	にじゅうしちにち
8日	ようか	18日	じゅうはちにち	28日	にじゅうはちにち
9日	ここのか	19日	じゅうくにち	29日	にじゅうくにち
10日	とおか	20日	はつか	30日	さんじゅうにち
				31日	さんじゅういちにち

(1) '1日, 2日…10日'을 「いちにち, に_にち…じゅうにち」라고 읽지 않는 점에 주의하자.

(2) 「ついたち, ふつか, みっか…」는 우리말로는 '1일, 2일, 3일……' 또는 '초하루, 초이틀, 초

사흘……' 이라는 뜻이다.

(3) 「ふつか, みっか, よっか…」는 '(기간을 나타내는) 이틀, 사흘, 나흘……' 이라는 뜻도 된다.

보기 三日（みっか） かかります。 사흘 걸립니다.

그러나, '하루' 라는 뜻으로 쓰일 때에는 「ついたち」라고 하지 않고 「いちにち」라고 해야 한다.

보기 一日（いちにち）は 24時間（じかん）です。 하루는 24시간입니다.

6 주와 달을 나타내는 표현

先先週（せんせんしゅう） ◀	先週（せんしゅう） ◀	今週（こんしゅう） ▶	来週（らいしゅう） ▶	再来週（さらいしゅう）
지지난 주	지난주	이번 주	다음 주	다다음 주
先先月（せんせんげつ） ◀	先月（せんげつ） ◀	今月（こんげつ） ▶	来月（らいげつ） ▶	再来月（さらいげつ）
지지난달	지난달	이번 달	다음 달	다다음 달

1 다음 달력을 보고 보기와 같이 날짜와 요일을 ひらがな로 써 보자.

보기　　みっか, もくようび

①　__________________

②　__________________

③　__________________

④　__________________

⑤　__________________

2 보기와 같이 (　　　) 안의 단어를 사용하여 질문과 대답을 만들어 보자.

보기
（会う, 映画館の　前）
A　どこで　会いましょうか。
B　映画館の　前で　会いましょう。

①　（飲む, 紅茶）

A　__________________

B　__________________

②　（会う, 4時）

A　__________________

B　__________________

③ （行く, 土曜日の　午後）

A ____

B ____

④ （行く, 電車）

A ____

B ____

3　짧은 글짓기

① 같이 식사라도 할까요?

▶ ____

② 화요일 아침에 만납시다.

▶ ____

③ 시험은 3일부터 7일까지입니다.

▶ ____

해답

1　①じゅういちにち, きんようび　②じゅうよっか, げつようび　③はつか, にちようび
　④にじゅうろくにち, どようび　⑤にじゅうくにち, かようび
2　①A 何を　飲みましょうか。B 紅茶を　飲みましょう。　②A 何時に　会いましょうか。B 4時に　会い
　ましょう。　③A いつ　行きましょうか。B 土曜日の　午後　行きましょう。（＊「午後」뒤에는 보통「に」를 붙
　이지 않는다.）　④A 何で　行きましょうか。B 電車で　行きましょう。
3　①いっしょに　食事でも　しましょうか。　②火曜日の　朝　会いましょう。
　③試験は　3日から　7日までです。

# 조사의 정리 | 제1과 ~ 제13과

1	は	~은, ~는	・<ruby>私<rt>わたし</rt></ruby>**は** <ruby>学生<rt>がくせい</rt></ruby>です。 나는 학생입니다. ・<ruby>私<rt>わたし</rt></ruby>**は** <ruby>行<rt>い</rt></ruby>きますが、キムさん**は** <ruby>行<rt>い</rt></ruby>きません。 나는 가지만, 김 씨는 안 갑니다.
2	も	~도	・A：この <ruby>本<rt>ほん</rt></ruby>は <ruby>佐藤<rt>さとう</rt></ruby>さんのです。 이 책은 사토 씨의 것입니다. 　B：この ノート**も** <ruby>佐藤<rt>さとう</rt></ruby>さんのですか。 이 노트도 사토 씨의 것입니까?
3	が	~이, ~가	・A：あれは 63ビルです。 저것은 63빌딩입니다. 　B：ああ、あれ**が** 63ビルですか。 아, 저것이 63빌딩입니까? ・<ruby>韓国語<rt>かんこくご</rt></ruby>は <ruby>発音<rt>はつおん</rt></ruby>**が** いちばん <ruby>難<rt>むずか</rt></ruby>しいです。 한국어는 발음이 제일 어렵습니다.
		~을, ~를	・<ruby>私<rt>わたし</rt></ruby>は <ruby>果物<rt>くだもの</rt></ruby>**が** <ruby>好<rt>す</rt></ruby>きです。 나는 과일을 좋아합니다.
		~지만, ~입니다만	・<ruby>文法<rt>ぶんぽう</rt></ruby>は <ruby>難<rt>むずか</rt></ruby>しく ありません**が**、<ruby>作文<rt>さくぶん</rt></ruby>に <ruby>自信<rt>じしん</rt></ruby>が ありません。 문법은 어렵지 않지만, 작문에 자신이 없습니다.
4	の	~의	・これは <ruby>私<rt>わたし</rt></ruby>**の** パソコンです。 이것은 나의(제) 컴퓨터입니다. ・<ruby>田中<rt>たなか</rt></ruby>さんは <ruby>日本語<rt>にほんご</rt></ruby>**の** <ruby>先生<rt>せんせい</rt></ruby>です。 다나카 씨는 일본어 선생님입니다.
		~의 것	・あの <ruby>白<rt>しろ</rt></ruby>い バッグは <ruby>私<rt>わたし</rt></ruby>**の**です。 저 하얀 백은 나의 것입니다.
		~에 있는	・お<ruby>姉<rt>ねえ</rt></ruby>さん**の** <ruby>前<rt>まえ</rt></ruby>**の** <ruby>人<rt>ひと</rt></ruby>は だれですか。 언니(누나) 앞의(앞에 있는) 사람은 누구입니까?
5	と	~와, ~과	・<ruby>姉<rt>あね</rt></ruby>**と** <ruby>妹<rt>いもうと</rt></ruby>が います。 누나(언니)와 여동생이 있습니다.

			・富士山と　ソラクサンと　どちらが　高いですか。 후지산하고 설악산하고 어느 쪽이 높습니까?
6	や など	～와, ～과 ～등	・銀行や　病院や　郵便局などが　あります。 은행이랑 병원이랑 우체국 등이 있습니다.
7	に	～에	・電話は　テーブルの　上に　あります。 전화는 테이블 위에 있습니다. ・私は　毎朝　6時に　起きます。 나는 매일 아침 6시에 일어납니다. ・友達と　デパートに　行きます。 친구와 백화점에 갑니다. ・作文に　自信が　あります。 작문에 자신이 있습니다.
8	へ	～에	・8時ごろ　家へ　帰りました。 8시쯤에 집에 돌아왔습니다.
9	で	～(으)로 ～에서 ～서	・会社までは　電車で　行きます。 회사까지는 전철로 갑니다. ・学校で　日本語を　習います。 학교에서 일본어를 배웁니다. ・一人で　行きます。혼자서 갑니다.
10	を	～을, ～를	・私は　毎朝　運動を　します。 나는 매일 아침 운동을 합니다.
11	から まで	～부터 ～까지	・昼休みは　12時から　1時までです。 점심시간은 12시부터 1시까지입니다. ・家から　会社までは　50分ぐらい　かかります。 집에서 회사까지는 50분 정도 걸립니다.

12	ぐらい	～정도	・毎朝　30分ぐらい　運動を　します。 매일 아침 30분 정도 운동을 합니다.
13	ごろ	～쯤, ～경	・11時ごろ　寝ます。 11시쯤에 잡니다.
14	か	～가	・A：何か　買いますか。 무언가 살 겁니까? 　B：はい。 네.
		～까	・A：何を　買いますか。 무엇을 살 겁니까? 　B：プレゼントを　買います。 　　선물을 살 겁니다.
15	ね	～군요	・立派な　建物ですね。 훌륭한 건물이군요. ・A：この　時計、いいですね。 이 시계, 좋군요. 　B：そうですね。 그렇군요.
16	より	～보다	・兄は　私より　三つ　上です。 형(오빠)은 나보다 세 살 위입니다.

1 　□ 안에 알맞은 조사를 써 넣어 보자.

① A あれは　ソウルタワーです。

　　B ああ、あれ□　　ソウルタワーですか。

② 時間が　ありませんね。タクシー□　　行きましょう。

③ 果物は　何□　　お好きですか。

④ 日本語□　　勉強は　おもしろいです。

⑤ A この　中に　何□　　ありますか。

　　B はい、あります。

　　A 何□　　ありますか。

　　B 本が　あります。

⑥ A キムさんも　学生ですか。

　　B いいえ、キムさん□　　会社員です。

⑦ ジュース□　　コーラ□　　どちらが　好きですか。

⑧ 田中先生の　隣□　　人は　だれですか。

⑨ 9時□□　　家へ　帰りました。

⑩ 会社□□　　何分□□□　　かかりますか。

2 （　　）안에 들어갈 알맞은 말을 써 넣어 보자.

① A これは　（　　　）の　かばんですか。

　 B それは　イーさんのです。

② A あれは　（　　　）ですか。

　 B あれは　63ビルです。

③ A ソウル駅は　（　　　）ですか。

　 B あそこです。

④ A スポーツの　中で　（　　　）が　いちばん　好きですか。

　 B テニスが　好きです。

⑤ A お手洗いは　（　　　）に　ありますか。

　 B 電話ボックスの　隣です。

⑥ A この　女の人は　（　　　）ですか。

　 B 妹です。

⑦ A （　　　）に　家へ　帰りますか。

　 B たいてい　8時ごろ　帰ります。

⑧ A レポートは　（　　　）　出しますか。

　 B あした、出します。

⑨ A 木村さんの　かばんは　（　　　）ですか。

　　B あれです。

⑩ A 今　（　　　）ですか。

　　B 10時半です。

3　______에 알맞은 말을 써 넣어 보자.

① パク　これは　高橋さんの　バッグですか。

　　高橋　いいえ、それは　私の　バッグ______________。

② A 寒いですか。

　　B いいえ、________________________________。

③ A バナナと　りんごと　どちらが　好きですか。

　　B りんご________________________________。

④ A 何を　飲みますか。

　　B ワインを　______________________________。

⑤ A あした　どこかへ　行きますか。

　　B ______________、どこへも　行きません。

⑥ A 何時に　会いましょうか。

　 B 午後　4時に ＿＿＿＿＿＿＿＿＿＿＿＿＿＿＿＿＿＿。

⑦ A 会社は　何時に　終わりますか。

　 B 6時に ＿＿＿＿＿＿＿＿＿＿＿＿＿＿＿＿＿＿＿。

⑧ 田中 キムさんの　お兄さんは　おいくつですか。

　 キム ＿＿＿＿＿＿＿＿は　28歳です。

遅くまで　ビデオを　見ました。

늦게까지 비디오를 보았습니다.

핵심문장

<u>01</u>　ビデオを　見ました。

<u>02</u>　何も　買いませんでした。

<u>03</u>　楽しい　一日でした。

<u>04</u>　いい　天気じゃ　ありませんでした。

<u>01</u> 비디오를 보았습니다.

<u>02</u> 아무것도 사지 않았습니다.

<u>03</u> 즐거운 하루였습니다.

<u>04</u> 좋은 날씨가 아니었습니다 (날씨가 좋지 않았습니다).

1 CD31

きのうは　一日中　雨が　降りました。
　　　　いちにちじゅう　あめ　　ふ

私は　家で　本を　読みました。
わたし　いえ　ほん　　よ

夜は　遅くまで　ビデオを　見ました。
よる　おそ　　　　　　　　み

きょうは　朝9時ごろ　起きました。
　　　　あさ　じ　　　お

きょうも　あまり　いい　天気じゃ　ありませんでした。
　　　　　　　　　　てん き

掃除と　洗濯を　しました。
そう じ　せんたく

それから　お風呂に　入りました。
　　　　ふ ろ　　はい

어제는 하루 종일 비가 내렸습니다.

나는 집에서 책을 읽었습니다.

밤에는 늦게까지 비디오를 보았습니다.

오늘은 아침 9시 쯤에 일어났습니다.

오늘도 그다지 좋은 날씨는 아니었습니다 (날씨가 좋지 않았습니다).

청소와 세탁(빨래)을 했습니다.

그리고 나서 목욕을 했습니다.

새로운 단어들

きのう(昨日) 어제

いちにちじゅう(一日中) 하루 종일

～じゅう(中) ～내내

あめ(雨) 비

ふ(降)る 내리다 1그룹

～ました ～했(었)습니다 ▶과거를 나타낸다.

雨が 降る 비가 내리다, 비가 오다 ▶우리말로는 '비가 오다'라고도 하지만, 일본어로는 「雨が 来る」라고는 하지 않는다.

おそ(遅)い 늦다

おそ(遅)くまで 늦게까지

ビデオ(video) 비디오

きょう(今日) 오늘

てんき(天気) 날씨

～じゃ ありませんでした ～이(가) 아니었습니다

そうじ(掃除) 청소

せんたく(洗濯) 세탁, 빨래

おふろ(風呂) 목욕

はい(入)る 들어가다 1그룹

お風呂に 入る 목욕하다

2 CD32

午後は　友達に　会いました。
（ごご）（ともだち）（あ）

私たちは　シンチョンで　買い物を　しました。
（わたし）（か　もの）

私は　新しい　くつと　Tシャツを　買いました。
（あたら）

友達は　何も　買いませんでした。
（なに）

私たちは　買い物の後、レストランで　とんカツを　食べました。
（あと）（た）

そこは　広くて　きれいな　店でした。
（ひろ）（みせ）

食事の後、映画館へ　行きました。
（しょくじ）（えいがかん）（い）

韓国の　映画を　見ました。
（かんこく）（み）

9時半ごろ、家へ　帰りました。
（じはん）（いえ）（かえ）

楽しい　一日でした。
（たの）（いちにち）

오후에는 친구를 만났습니다.

우리들은 신촌에서 쇼핑을 했습니다.

나는 새 구두와 티셔츠를 샀습니다.

친구는 아무것도 사지 않았습니다.

우리들은 쇼핑을 한 후에 레스토랑에 가서 돈가스를 먹었습니다.

그곳은 넓고 깨끗한 가게였습니다.

식사 후에 영화관에 갔습니다.

한국 영화를 보았습니다.

9시 반쯤에 집에 돌아왔습니다.

즐거운 하루였습니다.

새로운 단어

ごご(午後) 오후	～ませんでした ～지 않았습니다
ともだち(友達)に あ(会)う 친구를 만나다	～のあと(後) ～한 다음, ～한 후에
▶ '～를 만나다'는 「～を 会う」가 아니라 「～に 会う」라고 해야 한다.	とんカツ 돈가스 (서양 음식의 포크커틀릿) ▶ '돼지'의 「とん(豚)」과 '커틀릿(cutlet)'의 일본 식 발음 「カツ」가 합쳐서 된 말
わたし(私)たち 우리들	しょくじ(食事) 식사
シンチョン 신촌	たの(楽)しい 즐겁다
か(買)いもの(物) 쇼핑, 물건사기	いちにち(一日) 하루
買い物を する 쇼핑을 하다, 물건을 사다	～でした ～이었습니다, ～였습니다
あたら(新)しい 새롭다	
Tシャツ(T-shirt) 티셔츠	

1 명사의 정중한 과거 긍정 표현과 과거 부정 표현

> A 楽(たの)しい　一日(いちにち)でしたか。 즐거운 하루였습니까?
>
> B はい、楽しい　一日でした。 네, 즐거운 하루였습니다.
>
> B' いいえ、楽しい　一日じゃ　ありませんでした。
> 아니요, 즐거운 하루가 아니었습니다.

명사의 정중한 과거 긍정 표현은 명사에 「〜でした(〜이었습니다)」를 붙이며, 정중한 과거 부정 표현은 명사에 「〜じゃ(では)　ありませんでした(〜이(가) 아니었습니다)」를 붙이면 된다. 참고로, 명사의 정중한 의문 표현은 명사에 「〜でしたか(〜하였습니까)」를 붙인다. 다음은 명사의 현재형과 과거형의 정중한 긍정 표현과 그 부정 표현을 정리해 놓은 것이다.

	현재	과거
긍정	명사 + です　〜입니다	명사 + でした　〜이었습니다
부정	명사 + じゃ(では)　ありません 〜이(가) 아닙니다	명사 + じゃ(では)　ありませんでした 〜이(가) 아니었습니다

① きょうは　いい　天気(てんき)でした。 오늘은 좋은 날씨였습니다 (날씨가 좋았습니다).

* 우리말은 '날씨가 좋다' 라고 하지 '좋은 날씨다' 라고는 잘 말하지 않는다. 따라서 「いい　天気でした」는 '날씨가 좋았습니다' 라고 의역하는 것이 좋다.

② きのうは　私(わたし)の　誕生日(たんじょうび)でした。 어제는 내 생일이었습니다.

③ あまり　いい　天気じゃ　ありませんでした。
별로 좋은 날씨는 아니었습니다 (별로 날씨가 좋지 않았습니다).

④ A おもしろい　映画(えいが)でしたか。 재미있는 영화였습니까?

B いいえ、あまり　おもしろい　映画じゃ　ありませんでした。
아니요, 별로 재미있는 영화가 아니었습니다.

2 동사의 정중한 과거 긍정 표현과 과거 부정 표현

A どこかへ　行き**ました**か。 어딘가에 갔었습니까?

B はい、友達の　家へ　行き**ました**。 네, 친구 집에 갔었습니다.

B′ いいえ、どこへも　行き**ませんでした**。
아니요, 아무데도 가지 않았습니다.

동사의 정중한 과거 긍정 표현은 동사의 ます형에 「～ました(~했(었)습니다)」를 붙이며, 정중한 과거 부정 표현은 동사의 ます형에 「～ませんでした(~지 않았(었)습니다)」를 붙이면 된다. 참고로, 동사의 정중한 의문 표현은 동사의 ます형에 「～ましたか(~했(었)습니까)」를 붙인다. 우리말의 정중한 과거 긍정 표현은 '갔습니다/갔었습니다' 와 같이 두 가지 표현이 있지만, 일본어로는 「～ました」라고 하면 된다. 다음은 동사의 현재(미래)형과 과거형의 정중한 긍정 표현과 그 부정 표현을 정리해 놓은 것이다.

	현재 · 미래	과거
긍정	동사＋ます　~합니다, ~하겠습니다	동사＋ました　~했(었)습니다
부정	동사＋ません ~지 않습니다, ~지 않겠습니다	동사＋ませんでした ~지 않았(었)습니다

① A 何か　買い**ました**か。 뭔가 샀습니까?

　B いいえ、何も　買い**ませんでした**。 아니요, 아무것도 사지 않았습니다.

② たまに　電話は　し**ました**が、手紙は　書き**ませんでした**。
가끔 전화는 했습니다만, 편지는 쓰지 않았습니다.

③ 図書館へ　行き**ました**が、勉強は　し**ませんでした**。
도서관에 갔었습니다만, 공부는 하지 않았습니다.

꼭문법 3 동사의 의미를 대신하는 「の」

買い物の後、レストランで　とんカツを　食べました。
쇼핑을 한 후에 레스토랑에서 돈가스를 먹었습니다.

「の」는 여러 가지 의미를 가지는데, 여기서는 동사의 의미를 대신하는 「の」의 용법으로 쓰였다.
① 食事の後、映画を　見ました。 식사를 한 후에 영화를 보았습니다.
② お風呂の後、ビールを　飲みました。 목욕을 한 후에 맥주를 마셨습니다.
　*雨の日には　たいてい　家に　います。 비가 오는 날에는 대개 집에 있습니다.

Tip 1 '그 기간 내내'를 나타내는 「～中」

一日中　雨が　降りました。
하루 종일 비가 내렸습니다.

「中」는 기간을 나타내는 말에 붙어서 '그 기간 내내'라는 뜻을 나타낸다.
① 夏休み中　アルバイトを　しました。 여름방학 내내 아르바이트를 했습니다.
② 一年中　暑い　国も　あります。 일년 내내 더운 나라도 있습니다.

Tip 2 복수를 나타내는 「～たち」

私たちは　とんカツを　食べました。
우리들은 돈가스를 먹었습니다.

「～たち(達)」는 '~들'이라는 뜻으로, 복수를 나타내는 접미사이다. 손윗사람에게는 「～たち」
는 사용할 수 없고, 「～がた」를 사용해야 한다.
① 子供たち 아이들　　　　　② 男たち 사내들, 남자들
③ その　人たち 그 사람들　　④ 先生がた 선생님들

1 다음 두 그림을 보고 보기와 같이 문장을 만들어 보자.

보기	掃除は　しましたが、洗濯は　しませんでした。

①  

▶ _______________________________

②  

▶ _______________________________

③  

▶ _______________________________

2 그림을 보고 다음 물음에 보기와 같이 답해 보자.

보기

A　天気は　どうでしたか。
B　<u>いい　天気でした。</u>

①

A　きれいな　店でしたか。
B　_______________________

②

A　きのうは　イーさんの　誕生日でしたか。
B　_______________________

③

A　おもしろい　映画でしたか。
B　_______________________

3 짧은 글짓기

①　오늘 아침은 아무것도 먹지 않았습니다.

▶　_______________________

②　어제 일본인 친구가 한국에 왔습니다.

▶　_______________________

③　식사를 한 후에 텔레비전을 보았습니다.

▶　_______________________

해답

1　①パンは　食べましたが、ご飯は　食べませんでした。　②バッグは　買いましたが、くつは
買いませんでした。　③電話は　しましたが、手紙は　書きませんでした。
2　①いいえ、あまり　きれいな　店じゃ（では）　ありませんでした。　②はい、イーさんの　誕生日でした。
③いいえ、あまり　おもしろい　映画じゃ（では）　ありませんでした。
3　①きょうの　朝は　何も　食べませんでした。②きのう　日本人の　友達が　韓国へ　来ました。
③食事の後、テレビを　見ました。

今年の 夏は とても 暑かったです。

올 여름은 굉장히 더웠습니다.

핵심문장

01 とても　暑かったです。

02 刺し身は　あまり　安く
ありませんでした。

03 部屋は　きれいでした。

04 親切じゃ　ありませんでした。

01 굉장히 더웠습니다.

02 생선회는 별로 싸지 않았습니다.

03 방은 깨끗했습니다.

04 친절하지 않았습니다.

1 CD33

今年（ことし）の　夏（なつ）は　とても　暑（あつ）かったです。

夏休（なつやす）みに、友達（ともだち）と　いっしょに　海（うみ）へ　行（い）きました。

三日間（みっかかん）、海（うみ）の　近（ちか）くの　ホテルに

泊（と）まりました。

部屋（へや）は　すこし　狭（せま）かったですが、

明（あか）るくて　きれいでした。

部屋（へや）からの　けしきは　とても

すばらしかったです。

でも、ホテルの　人（ひと）たちは　あまり　親切（しんせつ）じゃ　ありませんでした。

毎日（まいにち）　いい　天気（てんき）でした。

海（うみ）は　人（ひと）で　いっぱいでした。

私（わたし）たちも　海（うみ）で　泳（およ）ぎました。

とても　楽（たの）しかったです。

올 여름은 굉장히 더웠습니다.

여름 방학 때 친구와 함께 바다에 갔었습니다.

삼일 동안 바다 근처의 호텔에 묵었습니다.

방은 조금 좁았지만, 밝고 깨끗했습니다.

방에서 보는 경치는 매우 멋있었습니다.

그러나, 호텔에서 일하는 사람들은 그다지 친절하지 않았습니다.

매일 좋은 날씨였습니다 (날씨가 좋았습니다).

바다는 사람들로 가득했습니다.

우리들도 바다에서 헤엄쳤습니다.

매우 즐거웠습니다.

새로운 단어들

ことし(今年) 올해, 금년	すこ(少)し 조금
なつ(夏) 여름	せま(狭)い 좁다
あつ(暑)い 덥다	～からの ～에서 보는, ～에서 보이는
夏休(なつやす)み 여름 방학, 여름 휴가	けしき(景色) 경치, 풍경
～と いっしょ(一緒)に ～와(과) 함께	すばらしい 훌륭하다, 멋있다
うみ(海) 바다	ひと(人)たち 사람들
みっかかん(三日間) 3일간, 사흘간	しんせつ(親切)だ 친절하다
ちか(近)く 근처, 가까운 곳 ▶近い(가깝다)	ひと(人)で 사람으로
ホテル(Hotel) 호텔	いっぱいだ 가득하다, 가득차다
と(泊)まる 머물다, 숙박하다, 묵다 1그룹	およ(泳)ぐ 헤엄치다, 수영하다 1그룹

2 CD34

夜は　街を　歩きました。
（よる／まち／ある）

はじめの　日は、街の　あちらこちらを　見物しました。
（ひ／けんぶつ）

二日目の　夜は、カラオケで　歌を　歌いました。
（ふつか め／うた）

お土産やさんで、家族の　お土産を　買いました。
（みやげ／か ぞく／か）

食べ物の　中では　刺し身が　いちばん　おいしかったです。
（た もの／なか／さ み）

刺し身は　新鮮でしたが、あまり　安く　ありませんでした。
（しんせん／やす）

밤에는 거리를 거닐었습니다.
첫째 날은 거리 이곳저곳을 구경했습니다.
둘째 날 밤에는 가라오케에서 노래를 불렀습니다.
선물가게에서 가족의 선물을 샀습니다.

음식 중에서는 생선회가 제일 맛있었습니다.
생선회는 신선했습니다만, 별로 싸지 않았습니다.

새로운 단어

ある(歩)く 걷다, 산책하다 1그룹

はじ(初)め 처음, 첫째

あちらこちら 여기저기, 이곳저곳 ▶「あちこち」도 같은 뜻의 말이다. 우리말로 '여기저기' 라고 해서 「こちらあちら」라고 해서는 안 된다.

けんぶつ(見物)する 구경하다

ふつか(二日) 이틀날

〜め(目) 〜째 ▶순서를 나타낼 때 사용하는 단위이다.

カラオケ 가라오케 ▶「空(빈)+オーケストラ

(orchestra)」, 즉 반주만 있고 노래는 나오지 않는 음악 또는 그것을 연주하는 장치라는 뜻이다.

うた(歌) 노래

うた(歌)う (노래를) 부르다 1그룹

おみやげや(土産屋)さん 선물가게

おみやげ(土産) 선물 ▶주로 여행지, 외지에서 사 오는 선물

た(食)べもの(物) 먹을 것, 음식

さ(刺)しみ(身) 생선회

しんせん(新鮮)だ 신선하다, 싱싱하다

1 イ형용사의 정중한 과거 긍정 표현과 과거 부정 표현

> A 食べ物は　どうでしたか。음식은 어땠습니까?
>
> B おいし**かったです**。맛있었습니다.
>
> B′ おいし**く　ありませんでした**。맛있지 않았습니다.

イ형용사의 정중한 과거 긍정 표현은 어미 「い」를 떼고 「～かったです(～었습니다)」를 붙이며,
イ형용사의 정중한 과거 부정 표현은 어미 「い」를 「く」로 바꾸고 「～ありませんでした(～지 않
았습니다)」 또는 「～なかったです」를 붙이면 된다. 다음은 イ형용사의 현재형과 과거형의 정
중한 긍정 표현과 그 부정 표현을 정리해 놓은 것이다.

	현재	과거
긍정	「イ형용사」의 사전형 ＋ です ～습니다	「イ형용사」의 어간 ＋ かったです ～었(았)습니다
부정	「イ형용사」의 이간 ＋ く ＋ ありません / 아니다 ないです ～지 않습니다	「イ형용사」의 어간 ＋ く ＋ ありませんでした / なかったです ～지 않았습니다

① ホテルの　部屋は　狭**かったです**。호텔 방은 좁았습니다.

② 天気は　**よかったです**。날씨는 좋았습니다.

   ＊「いいです／よいです」의 과거형은 「よかったです」이다. (×)「いかったです」

③ 映画は　あまり　おもしろく　**ありませんでした**。
   영화는 그다지 재밌지 않았습니다.

④ A 寒**かったですか**。추웠습니까?

   B いいえ、あまり　寒く　**ありませんでした**。아니요, 그다지 춥지 않았습니다.

 **2** ナ形용사의 정중한 과거 긍정 표현과 과거 부정 표현

A 刺し身は　どうでしたか。 생선회는 어땠습니까?

B 新鮮でした。 신선했습니다.

B′ 新鮮じゃ　ありませんでした。 신선하지 않았습니다.

ナ형용사의 정중한 과거 긍정 표현은 ナ형용사의 어간에 「～でした(～했(었)습니다)」를 붙이며, 정중한 과거 부정 표현은 어간에 「～じゃ(では)　ありませんでした(～지 않았습니다)」를 붙이면 된다. ナ형용사는 모두 명사의 경우와 동일하다. 다음은 ナ형용사의 현재형과 과거형의 정중한 긍정 표현과 그 부정 표현을 정리해 놓은 것이다.

	현재	과거
긍정	「ナ형용사」의 어간 + です ~합니다	「ナ형용사」의 어간 + でした ~했(었)습니다
부정	「ナ형용사」의 어간 + じゃ(では)　ありません ~지 않습니다	「ナ형용사」의 어간 + じゃ(では)　ありませんでした ~지 않았습니다

① ホテルの　部屋は　きれいでした。 호텔 방은 깨끗했습니다.

② 水は　あまり　きれいじゃ　ありませんでした。
물은 그다지 깨끗하지 않았습니다.

③ 交通は　あまり　便利じゃ　ありませんでした。
교통은 그다지 편리하지 않았습니다.

④ A 店の　人は　親切でしたか。 점원은 친절했습니까?

　 B いいえ、あまり　親切じゃ　ありませんでした。
아니요, 그다지 친절하지 않았습니다.

꼭빈칸 3 일 · 주 · 달 · 년 말하기

おととい （一昨日） 그저께	◀ きのう 昨日 어제	◀ きょう 今日 오늘	▶ あした 明日 내일	あさって （明後日） 모레	まいにち 毎日 매일
せんせんしゅう 先先週 지지난 주	◀ せんしゅう 先週 지난주	◀ こんしゅう 今週 이번 주	▶ らいしゅう 来週 다음 주	さ らいしゅう 再来週 다다음 주	まいしゅう 毎週 매주
せんせんげつ 先先月 지지난 달	◀ せんげつ 先月 지난달	◀ こんげつ 今月 이번 달	▶ らいげつ 来月 다음 달	さ らいげつ 再来月 다다음 달	まいつき・まいげつ 毎月 매달
おととし （一昨年） 재작년	◀ きょねん 去年 작년	◀ ことし 今年 올해(금년)	▶ らいねん 来年 내년	さ らいねん 再来年 내후년	まいとし・まいねん 毎年 매년

* 한자에 (　)가 되어 있는 것은 일반적으로 한자보다는 히라가나 쪽을 많이 사용하는 단어이다. 그러나, 한자로 읽는 경우도 있으므로 알아두는 것이 좋다.

꼭빈칸 4 며칠간 · 며칠 째를 나타내는 표현

なんにちかん
何日間ですか。 며칠간입니까? ／ **何日目ですか。** 며칠 째입니까?

	～（間）	～目
一日	いちにち（かん）　1일간	いちにちめ　1일째
二日	ふつか（かん）　2일간	ふつかめ　2일째
三日	みっか（かん）　3일간	みっかめ　3일째
四日	よっか（かん）　4일간	よっかめ　4일째
五日	いつか（かん）　5일간	いつかめ　5일째
六日	むいか（かん）　6일간	むいかめ　6일째
七日	なのか（かん）　7일간	なのかめ　7일째
八日	ようか（かん）　8일간	ようかめ　8일째
九日	ここのか（かん）　9일간	ここのかめ　9일째
十日	とおか（かん）　10일간	とおかめ　10일째

우리말의 '3일간 묵다'와 '사흘 묵다'는 같은 의미이다. 마찬가지로 일본어도 「三日間　泊まる」와 「三日　泊まる」는 같은 뜻이 된다. 기간을 나타내는 말 「～間」은 생략할 수 있다.

꼭꼭 5 활용형의 정리

	현 재		과 거	
	긍 정	부 정	긍 정	부 정
명사	休^{やす}みです 휴일입니다	休みじゃ ありません では 휴일이 아닙니다	休みでした 휴일이었습니다	休みじゃ ありませんでした では 휴일이 아니었습니다
ナ 형용사	便^{べん}利^りです 편리합니다	便利じゃ ありません では 편리하지 않습니다	便利でした 편리했습니다	便利じゃ ありませんでした では 편리하지 않았습니다
イ 형용사	暑^{あつ}いです 덥습니다	暑く ありません ないです 덥지 않습니다	暑かったです 더웠습니다	暑く ありませんでした なかったです 덥지 않았습니다
동사	行^いきます 갑니다	行きません 가지 않습니다	行きました 갔습니다	行きませんでした 가지 않았습니다

* 동사의 현재형은 현재 또는 가까운 미래(의지)를 나타낸다.

1 「はじめ」와 「はじめて」의 차이점

「はじめ」와 「はじめて」는 둘 다 우리말로는 '처음'이라고 해석되므로 혼동하기 쉽다.

① **はじめから　おわりまで。** 처음부터 끝까지.
② **はじめは　難しかったですが…。** 처음에는 어려웠습니다만…….
③ **東京は　はじめてです。** 도쿄는 처음입니다.
④ **あれは　はじめて　見ます。** 저것은 처음 봅니다.

위의 예문에서 알 수 있듯이 「はじめ」는 '시작, 초기'라는 뜻을 가지고 있고, 「はじめて」는 '경험이 처음'이라는 뜻을 가지고 있다.

2 '~가게, ~가게 사람'을 나타내는 「~屋さん」

> ### お土産やさん
> 선물가게, 선물가게 사람

명사 뒤에 「~屋」가 붙으면 그 직업을 가진 사람 또는 그 가게를 의미한다. 또한 「~屋」 뒤에 「さん」이 붙으면 그 가게 또는 사람에 대해 가벼운 경의나 친근감을 나타낸다. 이렇듯 「さん」은 사람에게 사용될 뿐만 아니라, 가게나 직업 뒤에도 붙일 수 있다.

① **本屋さん** 서점, 서점 사람
② **薬屋さん** 약국, 약국 사람
③ **花屋さん** 꽃집, 꽃집 사람

1 다음 빈 칸에 들어갈 알맞은 말을 써 넣어 보자.

① おととい ◀ ＿＿＿＿ ◀ 今日 ▶ ＿＿＿＿ ▶ あさって

② ＿＿＿＿ ◀ 先週 ◀ ＿＿＿＿ ▶ 来週 ▶ ＿＿＿＿

③ 先先月 ◀ ＿＿＿＿ ◀ 今月 ▶ ＿＿＿＿ ▶ 再来月

④ ＿＿＿＿ ◀ 去年 ◀ ＿＿＿＿ ▶ 来年 ▶ ＿＿＿＿

2 보기와 같이 (　　) 안의 단어를 사용하여 질문과 대답을 만들어 보자.

보기

（ホテルの　部屋, きれいだ）
A ホテルの　部屋は　どうでしたか。
B きれいでした。

① （天気, いい）

A ＿＿＿＿＿＿＿＿＿＿＿＿＿＿＿＿＿＿＿＿＿

B ＿＿＿＿＿＿＿＿＿＿＿＿＿＿＿＿＿＿＿＿＿

② （食べ物, 安い＋おいしい）

A ＿＿＿＿＿＿＿＿＿＿＿＿＿＿＿＿＿＿＿＿＿

B ＿＿＿＿＿＿＿＿＿＿＿＿＿＿＿＿＿＿＿＿＿

③ （交通, 便利だ）

A ＿＿＿＿＿＿＿＿＿＿＿＿＿＿＿＿＿＿＿＿＿

B ＿＿＿＿＿＿＿＿＿＿＿＿＿＿＿＿＿＿＿＿＿

3 다음 빈 칸에 알맞는 말을 써 넣어 보자.

① 野菜は　新鮮でしたか。

　▶ いいえ、あまり ____。

② 交通は　便利でしたか。

　▶ いいえ、あまり ____。

③ きのうの　パーティーは　楽しかったですか。

　▶ いいえ、あまり ____。

ボーリングでも　しませんか。

볼링이라도 치지 않겠습니까?

핵심문장

01 **食事に　行きます。**

02 **ボーリングでも　しませんか。**

03 **残業する　予定です。**

01 식사하러 갑니다.

02 볼링이라도 치지 않겠습니까?

03 잔업할 예정입니다.

① CD35

木村（きむら）　キムさん、久（ひさ）しぶりですね。お元気（げんき）ですか。

キム　　ええ、おかげさまで。木村さんは。

木村　　ええ。私（わたし）も　おかげさまで　元気です。

キム　　どちらへ？

木村　　食事（しょくじ）に　行（い）きます。キムさん、お昼（ひる）は？

キム　　私も　まだです。

木村　　じゃ、ちょうど　いいですね。

　　　　いっしょに　行きませんか。

キム　　ええ、行きましょう。

기무라	김 씨, 오래간만이군요. 건강하십니까?
김	네, 덕분예요. 기무라 씨는요?
기무라	네. 저도 덕분에 건강합니다.
김	어디 가십니까?
기무라	식사하러 갑니다. 김 씨, 점심은요?
김	저도 아직입니다.
기무라	그럼 마침 잘 됐군요.
	함께 가지 않겠습니까?
김	네, 갑시다.

새로운 단어들

ひさ(久)しぶりだ 오래간만이다, 오랜만이다
おげんき(元気)だ 건강하다 ▶여기서 「お」가
붙은 것은 경의를 나타낸다.
おかげさまで 덕분에, 덕택에
どちらへ? 어디 가십니까?
～に (목적을 나타내는) ～하러 ▶「に」 앞에는

동작을 나타내는 명사나 동사의 **ます**형이 온다.
おひる(昼) 낮, 점심식사
まだ 아직
ちょうど 마침, 딱
ちょうど いいですね 마침 잘 됐군요

2 CD36

木村（きむら）　このごろ、忙（いそが）しいですか。

キム　ええ、とても。きのうも　12時（じ）に　帰（かえ）りました。

木村　そうですか。

キム　きょうも　残業（ざんぎょう）する　予定（よてい）です。食事（しょくじ）を　する　時間（じかん）も　ありません。

木村　それは　たいへんですね。

木村　今度（こんど）の　日曜日（にちようび）、どうですか。いっしょに　ボーリングでも　しませんか。

キム　日曜日は　ちょっと…。

会社（かいしゃ）の　お客（きゃく）さんを　迎（むか）えに、空港（くうこう）に　行（い）く　予定です。

木村　そうですか。残念（ざんねん）ですね。

それじゃ、いつか、いっしょに

お酒（さけ）でも　飲（の）みましょう。

キム　そうですね。そう　しましょう。

기무라　요즘 바쁩니까?

김　네, 무척 (바빠요). 어제도 12시에 돌아갔습니다.

기무라　그렇습니까?

김　오늘도 잔업할 예정입니다. 식사를 할 시간도 없습니다.

기무라　그거 힘들겠군요.

기무라　이번 일요일은 어떻습니까? 함께 볼링이라도 치지 않겠습니까?

김　일요일은 좀…….

　회사의 손님을 마중하러 공항에 갈 예정입니다.

기무라　그렇습니까? 유감이군요.

　그럼, 언젠가 함께 술이라도 마십시다.

김　좋아요. 그렇게 합시다.

새로운 단어

このごろ　요즘, 요새	〜ませんか　〜지 않겠습니까?
いそが(忙)しい　바쁘다	むか(迎)える　맞다, 맞이하다 2그룹
ざんぎょう(残業)する　잔업하다	くうこう(空港)　공항
よてい(予定)　예정	ざんねん(残念)だ　섭섭하다, 유감스럽다
ボーリング(bowling)　볼링 ▶「ボウリング」라	いつか　언젠가
고 표기하기도 한다.	おさけ(酒)　술
ボーリングを する　볼링을 치다	そう　그렇게

꼭·문법 1 목적을 나타내는 「〜に」의 용법 (1)

> # 食事に　行きます。
> 식사하러 갑니다.

「食事に」에서 「に」는 동작을 나타내는 명사나 동사의 ます형 뒤에 붙어서 '〜하러'라는 목적의 뜻을 나타낸다. 여기서는 동작을 나타내는 명사에 붙어서 쓰였다.

① 買い物に　出かけます。 쇼핑하러 갑니다.
② 勉強に　行きます。 공부하러 갑니다.
③ 旅行に　行きます。 여행을 갑니다.
④ 出張に　行きます。 출장을 갑니다.

꼭·문법 2 목적을 나타내는 「〜に」의 용법 (2)

> # お客さんを　迎えに　行きます。
> 손님을 마중하러 갈 겁니다.

여기서의 「に」는 동사의 ます형에 붙어서 '〜하러'라는 목적의 뜻을 나타낸다.

① 遊びに　来ました。 놀러 왔습니다.
② 友達に　会いに　出かけました。 친구를 만나러 나갔습니다.
③ ビールを　買いに　スーパーへ　行きました。 맥주를 사러 슈퍼마켓에 갔습니다.
④ 手を　洗いに　行きました。 손을 씻으러 갔습니다.

 **3** 권유를 나타내는 「～ませんか」 표현

> A いっしょに　行き**ませんか**。 같이 가지 않겠습니까?
>
> B ええ、行きましょう。 네, 갑시다.

「～ませんか(～지 않겠습니까)」는 동사의 ます형에 접속하며, 무언가를 권유할 때 사용하는 문형이다. 이에 대한 대답은 여러 가지가 있을 수 있는데, 다음의 예문을 읽어 보자.

① A　週末、お酒を　飲みに　行き**ませんか**。 주말에 술 마시러 가지 않을래요?

　 B　ああ、いいですね。 네, 좋아요.

② A　もう　すこし　食べ**ませんか**。 좀 더 먹지 않겠습니까?

　 B　いいえ、もう　けっこうです。 아니요, 이제 됐습니다.

③ A　きょう　映画でも　見に　行き**ませんか**。 오늘 영화라도 보러 가지 않겠습니까?

　 B　すみません。きょうは　ちょっと…。 죄송합니다. 오늘은 좀…….

* ②에서 A의 「もう」는 '(첨가하는 의미의) 더'라는 뜻이고, B의 「もう」는 '(시간이나 정도가 어떤 기준을 넘을 때를 나타내는) 이제, 이미, 벌써'라는 뜻이다.

 **4** 동사의 명사 수식형

> **食事を　する　時間も　ありません。** 식사를 할 시간도 없습니다.

우리말은 동사가 문장의 끝에 올 때와 뒤의 명사를 수식할 때의 형태가 각각 다르지만, 일본어의 경우는 그 형태가 같다.

① 雨が　降る　日は　どこへも　行きません。 비가 오는 날은 아무데도 가지 않습니다.

② これから　見る　映画は　フランスの　映画です。 지금부터 볼 영화는 프랑스 영화입니다.

③ あした　会う　人は　日本人です。 내일 만날 사람은 일본인입니다.

Check! 실력체크 문제

1 다음 그림을 보고 빈 칸에 알맞은 말을 써 넣어 보자.

① 

＿＿＿＿＿に　行きませんか。

② 

＿＿＿＿＿に　行きませんか。

③ 

＿＿＿＿＿に　行きませんか。

④ 

＿＿＿＿＿に　行きませんか。

2 보기와 같이 (　　) 안의 동사를 활용하여 문장을 완성시켜 보자.

> 보기　　お客さんを　迎えに　行きます。（迎える）

① ＿＿＿＿＿＿に　行きませんか。（泳ぐ）

② ＿＿＿＿＿＿に　来ませんか。（遊ぶ）

③ 手を　＿＿＿＿＿に　行きました。（洗う）

④ てんぷらを　＿＿＿＿＿に　行きましょう。（食べる）

⑤ 映画を　＿＿＿＿＿に　行きませんか。（見る）

3 보기와 같이 (　　) 안의 동사를 문맥에 맞게 고쳐 보자.

> 보기　　これから　見る　映画は　アメリカの　映画です。（見ます）

① 来月　日本へ　出張に　＿＿＿＿＿＿＿予定です。（行きます）

② とても　忙しいです。食事を　＿＿＿＿＿　時間も　ありません。（します）

③ あした　＿＿＿＿＿　人は　だれですか。（来ます）

4 짧은 글짓기

① 한국어를 공부하러 한국에 왔습니다.

▶ ____

② 木村 씨, 맥주를 마시러 가지 않겠습니까?

▶ ____

③ 내일 오는 손님은 누구입니까?

▶ ____

해답

1 ①買い物 ②ドライブ ③食事 ④テニス
2 ①泳ぎ ②遊び ③洗い ④食べ ⑤見
3 ①行く ②する ③来る
4 ①韓国語を　勉強しに　韓国へ　来ました。 ②木村さん、ビールを　飲みに　行きませんか。
　　③あした　来る　お客さんは　だれですか。

<ruby>私<rt>わたし</rt></ruby>は　サンドイッチに　します。

저는 샌드위치로 하겠습니다.

핵심문장

01　サンドイッチに　します。

02　どれでも　いいです。

03　いつに　しましょうか。

01 샌드위치로 하겠습니다.

02 어느 것이라도 좋습니다.

03 언제로 할까요?

1 CD37

高橋（たかはし）　疲（つか）れましたね。すこし　休（やす）みましょうか。

キム　ええ、のども　かわきましたね。

高橋　じゃ、あの　平（たい）らな　岩（いわ）の　ところで　休みましょう。

キム　それが　いいですね。おなかも　すきました。

高橋　のりまきと　サンドイッチと　ハンバーガーが　ありますが、

どれに　しますか。

キム　私（わたし）は　どれでも　いいですが。

高橋　じゃ、私は　サンドイッチに　します。

キム　それじゃ、のりまきを　ください。

다카하시	피곤하군요. 좀 쉴까요?
김	네, 목도 마르군요.
다카하시	그럼, 저 평평한 바위가 있는 곳에서 쉽시다.
김	그게 좋겠군요. 배도 고픕니다.
다카하시	김밥과 샌드위치와 햄버거가 있는데, 어느 것으로 하겠습니까?
김	저는 어느 것이라도 좋습니다만.
다카하시	그럼, 저는 샌드위치로 하겠습니다.
김	그럼 김밥을 주세요.

새로운 단어

つか(疲)れる 피곤해지다, 피곤하다 **2그룹**

やす(休)む 쉬다 **1그룹**

のど(喉) 목, 목구멍

かわ(渇)く (목이) 마르다 **1그룹** ▶발음이 같은 「かわ(乾)く」는 '마르다, 건조하다' 라는 뜻을 나타낸다.

たい(平)らだ 평평하다, 고르다

いわ(岩) 바위

ところ 곳, 장소

おなか(腹) 배

お腹が すく (배가) 고프다, (배가) 고파지다

のりま(巻)き 김초밥, 김밥

サンドイッチ(sandwich) 샌드위치

ハンバーガー(hamburger) 햄버거

～に しますか ～(으)로 하겠습니까?

～に します ～(으)로 하겠습니다

～を ください ～을 주세요

2

高橋（たかはし）　飲み物（の もの）は　何（なに）が　いいですか。

お水（みず）と　コーラと　ジュースが　あります。

キム　お水が　いいですね。

高橋　あ、熱い（あつ）　コーヒーも　あります。

キム　ありがとうございます。後（あと）で　いただきます。

高橋　すこし　疲れ（つか）ましたが、山（やま）は　気持ち（き も）が　いいですね。

キム　そうですね。また　来（き）ましょう。

高橋　次（つぎ）は　どこが　いいですか。

キム　どこでも　いいですが、ソラクサンは　どうですか。

高橋　いいですね。いつに　しましょうか。

キム　週末（しゅうまつ）は　いつでも　いいです。

다카하시　음료수는 뭐가 좋습니까?
　　　　　물과 콜라와 주스가 있습니다.
김　　　　물이 좋겠군요.
다카하시　아, 뜨거운 커피도 있습니다.
김　　　　고맙습니다. 나중에 마시겠습니다.

다카하시　조금 피곤하지만, 산은(에 오면) 기분이 좋아요.
김　　　　그렇네요. 또 옵시다.
다카하시　다음은 어디가 좋겠습니까?
김　　　　어디든지 좋습니다만, 설악산은 어떻습니까?
다카하시　좋지요. 언제로 할까요?
김　　　　주말은 언제라도 좋습니다.

새로운 단어

の(飲)みもの(物)　음료수, 마실 것
おみず(水)　물 ▶여기서 「お」는 미화어로 사용된다.
コーラ　콜라
あつ(熱)い　뜨겁다
あと(後)で　나중에

きも(気持)ち　기분 ▶「気持ちがいい」는 '기분이 좋다'라는 뜻을 나타낸다.
つぎ(次)　다음
どこでも　어디든지, 어디라도
いつでも　언제든지, 언제라도

1 선택 · 결정을 나타내는 「〜に　します」 표현

> A　**どれに　しますか。** 어느 것으로 하겠습니까?
>
> B　**サンドイッチに　します。** 샌드위치로 하겠습니다.

「〜に　します」는 '〜(으)로 하겠습니다' 라는 뜻으로, 선택이나 결정을 할 때 사용하는 표현이다.

① 私は　コーラに　します。 저는 콜라로 하겠습니다.

② お酒は　ウイスキーに　します。 술은 위스키로 하겠습니다.

③ A　今度の　旅行は　どこに　しましょうか。 이번 여행은 어디로 할까요?

　 B　今度は　タイに　しませんか。 이번에는 태국으로 하지 않을래요?

④ A　何に　しますか。 뭘로 하시겠습니까?

　 B　カレーライスに　します。 카레라이스로 하겠습니다.

2 최상의 선택을 나타내는 「〜が　いいです」 표현

> A　**飲み物は　何が　いいですか。** 음료수는 뭐가 좋습니까?
>
> B　**コーラが　いいです。** 콜라가 좋겠습니다.

「〜が　いいです」는 '〜이(가) 좋습니다' 라는 뜻으로 최상의 선택을 나타낸다. 참고로, 「〜でも　いいです」는 '〜라도(든지) 좋습니다' 라는 뜻이다.

① A　送別会は　どこが　いいですか。 송별회는 어디가 좋습니까?

　 B　どこでも　いいです。 어디든지(어디라도) 좋습니다.

② A　パーティーは　いつが　いいですか。 파티는 언제가 좋습니까?

　 B　いつでも　いいです。 언제든지(언제라도) 좋습니다.

③ お土産は　何でも　いいです。 선물은 뭐든지 좋습니다.

④ 18歳　以上の　人は　だれでも　いいです。
18세 이상인 사람은 누구든지(누구라도) 좋습니다.

 **3** 「疲れました」 표현

> ## 疲(つか)れましたね。 すこし　休(やす)みましょうか。
> 피곤하군요. 좀 쉴까요?

「疲れました」, 「のどが　かわきました」, 「おなかが　すきました」의 「～ました(～했(었)습니다)」는 과거를 의미하는 것이 아니라, 현재의 상태를 나타낸다. 즉, 앞의 어느 시점에서 '피곤하다', '목이 마르다', '배가 고프다' 라는 상태가 되어, 그것이 현재까지 이르고 있는 것을 나타내는 것이다.

① **おなかが　すきましたね。**何(なに)か　食(た)べましょうか。
   배가 고프군요. 뭔가 먹을까요?

② **のどが　かわきましたね。**お茶(ちゃ)でも　飲(の)みましょうか。
   목이 마르군요. 차라도 마실까요?

1 「物」가 붙어서 만들어진 복합어

飲み物は　何が　いいですか。
음료수(마실 것)는 뭐가 좋습니까?

「飲み物」는 동사 「飲む(마시다)」의 ます형에 「物(물건, 것)」가 붙어서 만들어진 복합어로, 이런 종류의 복합어에는 다음과 같은 것들이 있다.

- **買い物**(물건을 사는 것, 쇼핑) ← 買う(사다) + 物
- **食べ物**(먹을 것, 음식) ← 食べる(먹다) + 物
- **読み物**(읽을 거리, 책) ← 読む(읽다) + 物

* 「飲(み)物」, 「買(い)物」, 「読(み)物」는 오쿠리가나(送りがな)인 「み」, 「い」, 「み」를 생략할 수 있지만, 「食べ物」의 「べ」는 생략해서는 안 된다.

2 「気持ちが　いい」와 「気分が　いい」의 차이점

山は　気持ちが　いいですね。
산은(에 오면) 기분이 좋아요.

우리말의 '기분이 좋다'에 해당하는 일본어로는 「気持ちが　いい」와 「気分が　いい」가 있다. 우리는 한국어의 영향으로 「気分が　いい」쪽을 남용하기 쉬운데, 이 두 표현은 다음과 같은 차이점을 이해하고 올바로 사용해야 한다.

- (오랜만에 산에 오르니까) 기분이 좋다
- (이 모피코트는 만져 보면 너무 부드러워서) 기분이 좋다 ┐→ **気持ちが　いい**
- (다나카 씨는 득남도 하고 또 이번에 승진도 되어서 요즘) 기분이 좋다
- (오늘은 구름 한 점 없는 화창한 날씨라서) 기분이 좋다 ┐→ **気分が　いい**

위의 한글 예문에서 알 수 있듯이, 산에 올랐을 때 또는 코트를 만져 보았을 때에 생기는 일시적인 감정을 나타낼 때에는 「気持ちが　いい」를 쓴다. 이에 비해 비교적 장시간에 걸친 지속적인 감정을 나타낼 때에는 「気分が　いい」를 쓰면 된다. 반대로 '기분이 나쁘다'라는 말도 「気持ちが　悪い」, 「気分が　悪い」 두 가지가 있다. 뱀이나 벌레 등을 보았을 때 느끼는 일시적인 불쾌감은 「気持ちが　悪い」라고 하고, 컨디션이 좋지 않거나 멀미를 하는 경우처럼 꽤 오랜 시간 지속되는 불쾌감은 「気分が　悪い」라고 한다.(⇨25과)

1 다음 그림을 보고 물음에 보기와 같이 답해 보자.

보기
A 食事は　何に　しますか。
B カレーライスに　します。

① 
A 飲み物は　何に　しますか。
B ＿＿＿＿＿＿＿＿＿＿＿＿＿＿＿＿

② 
A お酒は　何に　しますか。
B ＿＿＿＿＿＿＿＿＿＿＿＿＿＿＿＿

③ 
A 白いのと　黒いのと　どちらに　しますか。
B ＿＿＿＿＿＿＿＿＿＿＿＿＿＿＿＿

④ 
A サンドイッチと　のりまきと　ハンバーガーの
　中で　どれに　しますか。
B ＿＿＿＿＿＿＿＿＿＿＿＿＿＿＿＿

2 빈 칸에 들어갈 알맞은 말을 써 넣어 보자.

① A パーティーは　＿＿＿＿＿が　いいですか。
　B いつでも　いいです。

② A 飲み物は　＿＿＿＿＿が　いいですか。
　B アイスコーヒーが　いいです。

③　A　この　次は　＿＿＿＿＿が　いいですか。
　　B　どこでも　いいです。

3　빈 칸에 들어갈 알맞은 말을 써 넣어 보자.

①　おなかが　すきましたね。＿＿＿＿＿＿＿＿ましょうか。

②　疲れましたね。＿＿＿＿＿＿＿＿＿＿＿＿＿＿＿。

③　＿＿＿＿＿＿＿＿＿＿＿＿＿ね。何か　飲みましょうか。

4　짧은 글짓기

①　무엇으로 하겠습니까?

　▶　＿＿＿＿＿＿＿＿＿＿＿＿＿＿＿＿＿＿＿＿＿＿

②　저는 뜨거운 커피로 하겠습니다.

　▶　＿＿＿＿＿＿＿＿＿＿＿＿＿＿＿＿＿＿＿＿＿＿

③　저는 차가운 주스가 좋습니다.

　▶　＿＿＿＿＿＿＿＿＿＿＿＿＿＿＿＿＿＿＿＿＿＿

해답

1　①コーラに　します。　②ビールに　します。　③白いのに　します。　④サンドイッチに　します。
2　①いつ　②なに　③どこ
3　①何か　食べ　②休みましょうか　③のどが　かわきました
4　①何に　しますか。　②私は　熱い　コーヒーに　します。또는 私は　ホット（コーヒー）に　します。
　　③私は　冷たい　ジュースが　いいです。

電話して　ください。

전화해 주세요.

핵심문장

<u>01</u>　電話して　ください。

<u>02</u>　駅に　着いて、電話して　ください。

<u>03</u>　チャムシル駅ですね。

<u>01</u>　전화해 주세요.

<u>02</u>　역에 도착해서 전화하세요.

<u>03</u>　잠실역이요.

① CD39

パク　　佐藤さん、あした　暇ですか。
　　　　さとう　　　　　　　ひま

佐藤　　ええ、あした、学校は　お休みです。
　　　　　　　　　　がっこう　　やす

パク　　それじゃ、家へ　遊びに　来ませんか。
　　　　　　　　　うち　あそ　　き

佐藤　　それは　いいですね。

　　　　パクさんの　お宅は　どちらですか。
　　　　　　　　　　たく

パク　　家は　オリンピック公園から　近い　ところです。
　　　　　　　　　　　　　こうえん　　ちか

　　　　地下鉄の　2号線に　乗って、チャムシル駅で　降りて　ください。
　　　　ちかてつ　ごうせん　の　　　　　　　　　えき　お

박	사토 씨, 내일 한가합니까?
사토	네, 내일 학교는 쉬는 날입니다.
박	그럼, 저희 집에 놀러 오지 않겠습니까?
사토	그거 좋군요.
	박 씨 댁은 어디입니까?
박	저희 집은 올림픽 공원에서 가까운 곳입니다.
	지하철 2호선을 타고 잠실역에서 내리세요.

새로운 단어들

ひま(暇) 한가한 짬, 시간

おやす(休)み 쉬는 것, 휴일 ▶여기서 「お」는
　단어를 꾸미는 접두어로 쓰였다.

あそ(遊)ぶ 놀다 【1그룹】

おたく(宅) 댁 ▶여기서 「お」는 다른 사람에 대한
　경의를 나타낸다.

どちら ①어디 ②어느 쪽

オリンピック(Olympic) 올림픽

こうえん(公園) 공원

ちか(近)い 가깝다

ちかてつ(地下鉄) 지하철, 전철

～ごうせん(号線) ～호선

の(乗)る 타다 【1그룹】

チャムシル 잠실

～に 乗る ～(탈 것)을 타다 ▶「～を 乗る」라고
　는 하지 않는다.

お(降)りる (차 등에서) 내리다 【2그룹】

～て ください ～해 주세요

2 CD40

佐藤	2号線の　チャムシル駅ですね。
パク	ええ。駅に　着いて、電話して　ください。
	私が　車で　迎えに　行きます。
佐藤	そうですか。電話番号を　教えて　ください。
パク	そうですね。425の　6079番です。
佐藤	よん・に(い)・ご(う)の、…
	すみません、もう　一度　おねがいします。
パク	あ、はい。よん・に・ごの、ろく・ゼロ・なな・きゅう。
佐藤	425の　6079ですね。わかりました。
パク	2時ごろ　チャムシル駅まで　来て　ください。
佐藤	ええ。それじゃ、また　あした。

사토	2호선 잠실역이요.
박	네. 역에 도착해서 전화하세요.
	제가 차로 마중하러 가겠습니다.
사토	그렇습니까? 전화번호를 가르쳐 주세요.
박	그렇군요. 425에 6079번입니다.
사토	사·이·오에, ……
	죄송합니다. 한 번 더 부탁합니다.
박	아, 네. 사·이·오에 육·공·칠·구.
사토	425에 6079요. 알겠습니다.
박	2시경에 잠실역까지 와 주세요.
사토	네. 그럼, 내일 봐요.

새로운 단어

〜ですね 〜(이)지요, 〜(지)요 ▶상대방의 말을 확인할 때 사용하는데, 이때 억양은 위로 (♪) 올려서 말한다.

つ(着)く 도착하다, 닿다 `1그룹`

くるま(車) 차, 자동차

でんわばんごう(電話番号) 전화번호

おし(教)える 가르치다 `2그룹`

ばん(番) 번, 번호

〜ど(〜度) 〜번, 〜회

もう いちど(一度) 한 번 더 ▶우리말과 어순이 다른 점에 주의한다.

わ(分)かる 알다 `1그룹`

 **1 동사의 て형**

동사에 「て」를 붙이면 '~하여, ~하고, ~해서'라는 뜻이 되는데, 이것을 동사의 て형이라고 부른다. 즉, 우리말로 아래와 같은 표현을 하려면 동사가 여러 모양으로 변하는데, 일본어는 동사에 「て」를 붙여 나타낸다. て형은 동사의 종류에 따라 만드는 방법이 다르다.

> **보기** ● 전화하다 → 電話する
>
> 　전화해 주십시오 → 電話して　ください
>
> 　전화하고 갔습니다 → 電話して　行きました
>
> 　전화하고 있습니다 → 電話して　います
>
> 　전화해서 알았습니다 → 電話して　わかりました

(1) 1그룹 동사

1그룹 동사의 て형은 다음과 같이 음이 변한다. 이 음의 변화를 음편형(音便形)이라고 한다.

① 「~く」로 끝나는 동사는 「く」를 떼고 「いて」를 붙이며, 「~ぐ」로 끝나는 동사는 「ぐ」를 떼고 「いで」를 붙이면 된다. (→이것을 い音便이라고 한다.)

	기본형	て형
~く	書く	書いて
~ぐ	쓰다	써, 쓰고, 써서
↓	泳ぐ	泳いで
~いて	수영하다	수영해, 수영하고, 수영해서
~いで	話す	話して
	이야기하다	이야기해, 이야기하고, 이야기해서

[예외] ●「~く」로 끝나는 동사 중 예외로 「行く(가다)」는 「行いて」가 아니라 「行って(가, 가고, 가서)」가 된다.

> **보기** 行く 가다 → **行って** 가, 가고, 가서

② 「~う, ~つ, ~る」로 끝나는 동사는 「う, つ, る」를 떼고 「って」를 붙이면 된다.
（→ 이것을 促音便이라고 한다.)

	기본형	て형
～う ～つ ～る ↓ って	言う 말하다	言って 말해, 말하고, 말해서
	待つ 기다리다	待って 기다려, 기다리고, 기다려서
	帰る 돌아가(오)다	帰って 돌아가(와), 돌아가(오)고, 돌아가(와)서

③ 「～ぬ, ～む, ～ぶ」로 끝나는 동사는 「ぬ, む, ぶ」를 각각 떼고, 「んで」를 붙이면 된다.
(→ 이것을 撥音便이라고 한다.)

	기본형	て형
～ぬ ～む ～ぶ ↓ ～んで	死ぬ 죽다	死んで 죽어, 죽고, 죽어서
	飲む 마시다	飲んで 마셔, 마시고, 마셔서
	呼ぶ 부르다	呼んで 불러, 부르고, 불러서

(2) 2그룹 동사

2그룹 동사의 て형은 음이 변하지 않고, 「る」를 떼어 버리고 「て」를 붙이면 된다.

보기
- 起きる 일어나다 → 起きて 일어나, 일어나고, 일어나서
- 見る 보다 → 見て 봐, 보고, 봐서
- 食べる 먹다 → 食べて 먹어, 먹고, 먹어서
- 出る 나가(오)다 → 出て 나가(와), 나가(오)고, 나가(와)서

(3) 3그룹 동사

- 来る 오다 → 来て 와, 오고, 와서
- する 하다 → して 해, 하고, 해서

꼭꼭 2 부탁을 나타내는 「～て ください」 표현

駅まで 来て ください。
역까지 와 주세요.

「～て ください」는 '～해 주십시오(주세요)' 라는 뜻이며, '～하십시오(하세요)' 라고도 해석된다. 주로 남에게 부탁이나 완곡하게 명령할 때 사용하는 표현이다.

① ゆっくり 休んで ください。 푹 쉬십시오.
② 名前を 教えて ください。 이름을 가르쳐 주십시오.
③ ちょっと 待って ください。 잠깐 기다려 주세요.
④ 食事の 前は 手を 洗って ください。 식사 전에는 손을 씻으세요.

꼭꼭 3 확인을 나타내는 종조사 「ね」

A 4・2・5の 6・0・7・9です。
사·이·오에 육·공·칠·구입니다.

B 425の 6079ですね(↗)。 사이오에 육공칠구요.

여기서의 「ね」는 상대방의 말을 확인하는 경우에 사용하며, 이 때 억양은 짧게 위로 올려서 말한다. 가벼운 감동을 나타내는 「ね」에 대해서는 앞에서 공부했다.(⇨5과)

① A ホテルの コーヒーショップで 会いましょう。
　　호텔 커피숍에서 만납시다.
　B コーヒーショップですね。 커피숍이요.
② A 一番目の 信号で 右に 曲がって ください。 첫 번째 신호에서 우회전 하세요.
　B 右ですね。 오른쪽이요.
③ A ソウル駅で 降りて ください。 서울역에서 내리세요.
　B ソウル駅ですね。 서울역이요.

④ A コーヒー　ください。커피 주세요.

　 B はい、コーヒーですね。네, 커피요.

 4 일의 순서를 나타내는 て형

地下鉄に　乗っ**て**　チャムシル駅で　降りて　ください。
지하철을 타고 잠실역에서 내리세요.

「Aて　Bする(A하고, B하다)」의 문형으로 여기서의 て형은 '～하고'라는 뜻이며, A가 B보다 먼저 일어난 일임을 나타낸다.

① 本屋で　本を　買って　帰りました。책방에서 책을 사가지고 돌아왔습니다.

② 電話を　して　行きました。전화를 하고 갔습니다.

③ 食事を　して　コーヒーを　飲みました。식사를 하고 커피를 마셨습니다.

5 첨가의 의미를 나타내는 「もう」

もう　一度　おねがいします。
한 번 더 부탁합니다.

「もう」에는 '이미, 벌써, 이제'라는 뜻 외에도, '더, 또'라는 뜻도 있다는 것은 앞에서도 공부했다.(⇨16과) 여기서는 첨가하는 의미를 나타내는 「もう(더, 또)」에 대해서 좀 더 알아보기로 하자.

① **もう**　一つ　いかがですか。하나 더 어떻습니까?

② **もう**　すこし　待って　ください。조금 더 기다려 주세요.

③ **もう**　一人　来ました。한 명 더 왔습니다.

여기서 주의할 점은 우리말과 일본어의 어순이 다르다는 것이다. 위의 예문에서 알 수 있듯이 우리말은 '더'가 '하나', '조금', '한 명' 뒤에 오지만, 일본어의 「もう」는 항상 수량을 나타내는 단어 앞에 와야 한다.

6 횟수를 세는 표현 「～度」

> **何度ですか。**
> 몇 번입니까?

1度 한 번	2度 두 번	3度 세 번	4度 네 번	5度 다섯 번
6度 여섯 번	7度 일곱 번	8度 여덟 번	9度 아홉 번	10度 열 번

우리말의 영향으로 '한 번, 두 번, 세 번'을 「一番, 二番, 三番」이라고 착각하기 쉬운데, 「～番」은 순서를 나타내는 것으로 「一番(일 번), 二番(이 번), 三番(삼 번)…」 또는 「一番目(첫 번째), 二番目(두 번째), 三番目(세 번째)…」의 경우에 사용한다. 횟수를 나타낼 때는 「～度」를 사용해야 한다.

Tip 전화번호 말하는 방법

> **よん・に(い)・ご(う)の…**
> 사 · 이 · 오에……

전화번호를 말할 때는 다음과 같은 두 가지 방법이 있다.

보기 425-6079

① よんひゃく　にじゅう　ご(局)の　ろくせん　ななじゅう　きゅう(番)
　사백 이십 오(국)에 육천 칠십 구(번)

② よん・に(い)・ご(う)の　ろく・ゼロ・なな・きゅう
　사 · 이 · 오에 육 · 공 · 칠 · 구

하지만 이 중에서 ②와 같이 숫자를 한 자 한 자 말하는 것이 보통이다. ②와 같이 말하는 경우에 리듬을 맞추기 위해 「2(に)」는 「にい」로, 「5(ご)」는 「ごう」로 길게 발음한다. 본문에서는 생동감있는 회화 표현을 위해 소리나는 대로 「に(い)」, 「ご(う)」로 표기한 것이다. 그리고 「0」은 「ゼロ」 또는 「まる」라고 말하는 것이 보통이다.

1 다음 그림을 보고 무슨 말을 하고 있는지 힌트에서 찾아내어 써 보자.

① 

② 

③ 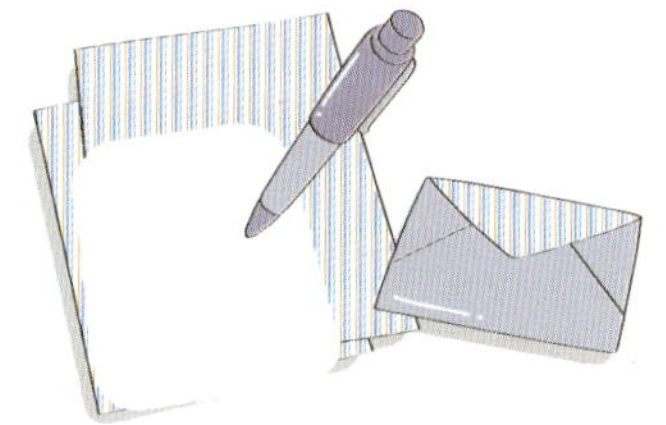

④ 

힌트

・乗って　ください	・書いて　ください
・降りて　ください	・食べて　ください
・飲んで　ください	・教えて　ください

2 다음 그림을 보고 빈 칸에 들어갈 알맞은 말을 써 넣어 보자.

① 

映画を ＿＿＿＿＿＿、買い物を ＿＿＿＿＿＿、家へ　帰りました。

② 

ご飯を ＿＿＿＿＿＿　コーヒーを　飲みました。

③ 

テレビを ＿＿＿＿＿＿　寝ました。

④ 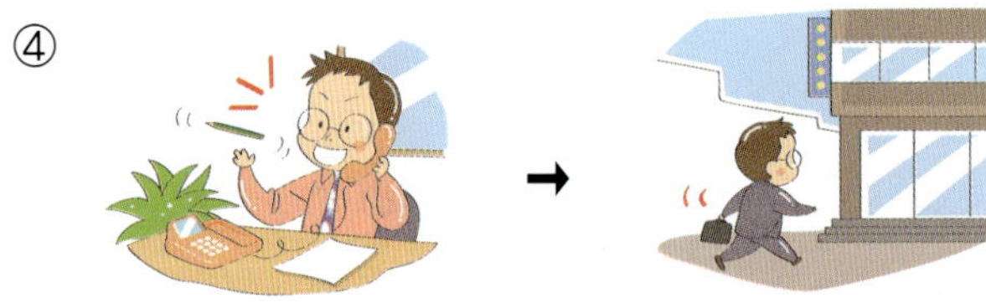

電話を ＿＿＿＿＿＿　行きました。

1　①乗って　ください　②降りて　ください　③書いて　ください　④食べて　ください
2　①見て, して　②食べて　③見て　④して 또는 かけて

<ruby>休憩室<rt>きゅう けい しつ</rt></ruby>で　たばこを　<ruby>吸<rt>す</rt></ruby>って　います。

휴게실에서 담배를 피우고 있습니다.

핵심문장

<u>01</u>　たばこを　吸って　います。

<u>02</u>　ああ、山本さんですよ。

<u>03</u>　まだですか。→　もう　すぐです。

<u>01</u>　담배를 피우고 있습니다.

<u>02</u>　아, 야마모토 씨예요.

<u>03</u>　아직입니까?(아직 멀었습니까?) → 이제 곧입니다
　　　(곧 시작됩니다).

1 CD41

高橋（たかはし）　会議（かいぎ）は　まだですか。

キム　いいえ、もう　すぐです。　15分後（ふんご）に　始（はじ）まります。

高橋　15分後ですか。

キム　これ、いい　歌（うた）ですね。だれの　歌ですか。

高橋　さあ、ビートルズじゃ　ありませんか。

高橋　あのう、吉田（よしだ）さんや　木村（きむら）さんは、どこに　いますか。

キム　吉田さんは、会議室（かいぎしつ）で　報告書（ほうこくしょ）を　書（か）いて　います。

　　　木村さんは、部長（ぶちょう）と　話（はなし）を　して　います。

高橋　あ、部長も　会議室ですか。

キム　いいえ、二人（ふたり）は　休憩室（きゅうけいしつ）で　たばこを　吸（す）って　います。

다카하시	회의는 아직입니까? (아직 멀었습니까?)
김	아니요, 이제 곧입니다 (곧 시작됩니다). 15분 후에 시작됩니다.
다카하시	15분 후요?
김	이 노래 좋군요. 누구의 노래입니까?
다카하시	글쎄, 비틀즈 아닙니까?

다카하시	저어, 요시다 씨와 기무라 씨는 어디에 있습니까?
김	요시다 씨는 회의실에서 보고서를 쓰고 있습니다.
	기무라 씨는 부장님과 이야기를 하고 있습니다.
다카하시	아, 부장님도 회의실에 있습니까?
김	아니요, 두 사람은 휴게실에서 담배를 피우고 있습니다.

새로운 단어들 🦋

かいぎ(会議) 회의	**ほうこくしょ(報告書)** 보고서
まだですか 아직 멀었습니까?	**か(書)く** 쓰다 1그룹
もう すぐです 이제 곧 시작합니다	**〜て います** 〜하고 있습니다
〜ご(後) 〜후	**ぶちょう(部長)** 부장, 부장님
はじ(始)まる 시작되다 1그룹	**はなし(話)** 이야기
ビートルズ(Beatles) 비틀즈	**ふたり(二人)** 두 사람, 두 명
〜じゃ ありませんか 〜이(가) 아닌가요?, 〜이(가) 아닙니까?	**きゅうけいしつ(休憩室)** 휴게실
	たばこ 담배
かいぎしつ(会議室) 회의실	**す(吸)う** 피우다 1그룹

2 CD42

高橋 たかはし	あちらで　電話を　かけて　いる　人は　だれですか。 でんわ　　　　　　　　　ひと
キム	どこですか。ああ、山本さんですよ。 やまもと
高橋	山本さん？　山本さんは　きょうから　出張じゃ　ありませんか。 しゅっちょう
キム	出張は　あしたからです。
高橋	そうですか。ところで、今　読んで　いる　雑誌は　何ですか。 いま　よ　　　　　　ざっし　　なん
キム	雑誌じゃ　ありませんよ。韓国の　会社の　カタログです。 かんこく　　かいしゃ

다카하시　저쪽에서 전화를 걸고 있는 사람은 누구입니까?

김　어디 말입니까? 아아, 야마모토 씨예요.

다카하시　야마모토 씨요? 야마모토 씨는 오늘부터 출장이 아닙니까?

김　출장은 내일부터입니다.

다카하시　그렇습니까? 그런데, 지금 읽고 있는 잡지는 무엇입니까?

김　잡지가 아니에요. 한국 회사의 카탈로그입니다.

새로운 단어

あちら 저쪽
かける 걸다　2그룹
しゅっちょう(出張) 출장
ところで 그런데 ▶화제를 바꿀 때 쓴다.

よ(読)む 읽다　1그룹
ざっし(雑誌) 잡지
カタログ(catalog) 카탈로그, 상품목록

꼭꼭 1 진행을 나타내는 「～て います」 표현

> A 吉田さんは　どこに　いますか。요시다 씨는 어디에 있습니까?
>
> B 会議室で　報告書を　書いて　います。
> 회의실에서 보고서를 쓰고 있습니다.

「～て　います」는 '~하고 있습니다' 라는 뜻으로 어떤 일이 진행 중임을 나타내는 표현이다.

① A 部長は　どこですか。부장님은 어디입니까? (어디에 계십니까?)

　 B 部長は、今、休憩室で　たばこを　吸って　います。
　　부장님은 지금 휴게실에서 담배를 피우고 있습니다.

*「部長」는 우리말의 '부장, 부장님' 이라는 뜻이다. 우리는 부하직원이 상사를 칭할 때 '부장님, 과장님' 등 항상 '~님'을 붙이는데, 일본어는 「部長」, 「課長」라는 직책명 자체가 경의를 포함하고 있으므로 따로 「～さん」을 붙이지 않는다.

② 田中さんは　部屋で　音楽を　聞いて　います。
　 다나카 씨는 방에서 음악을 듣고 있습니다.

③ イーさんは　教室で　歌を　歌って　います。
　 이 씨는 교실에서 노래를 부르고 있습니다.

꼭꼭 2 「～て　いる」의 명사 수식형

> 電話を　かけて　いる　人は　だれですか。
> 전화를 걸고 있는 사람은 누구입니까?

'전화를 걸다' 는 「電話を　かける」라고 하는데, 이 말은 「電話を　する(전화를 하다)」와 같은 의미이다. 위의 예문에서는 '전화를 걸고 있다' 라는 표현이 뒤에 오는 명사 '사람'을 수식하고 있다. 「～て　いる」가 명사를 수식하는 경우를 아래의 예문을 통해 익혀 두자.

① A どの　人が　キムさんですか。어느 사람이 김 씨입니까?

　 B 新聞を　読んで　いる　人です。신문을 읽고 있는 사람입니다.

② お酒を　飲んで　いる　人が　山下さんです。
술을 마시고 있는 사람이 야마시타 씨입니다.

③ あちらで　泳いで　いる　人が　キムさんです。
저쪽에서 수영하고 있는 사람이 김 씨입니다.

3 완곡한 의견을 나타내는 「～じゃ　ありませんか」 표현

> 山本さんは　きょうから　出張じゃ　ありませんか。
> 야마모토 씨는 오늘부터 출장이 아닙니까?

「～じゃ　ありませんか」는 '～이(가) 아닙니까?' 라는 뜻으로 상대방에게 답을 요구하는 것이 아니라, 단언할 수는 없지만 그렇게 생각한다는 자기의 의견을 완곡하게 나타낼 때 사용하는 표현이다.

① この　かさ、キムさんのじゃ　ありませんか。 이 우산, 김 씨의 것이 아닙니까?

② これは　木村さんの　車じゃ　ありませんか。 이것은 기무라 씨의 차가 아닙니까?

③ あれが　63ビルじゃ　ありませんか。 저것이 63빌딩이 아닙니까?

④ あの　人、吉田さんじゃ　ありませんか。 저 사람, 요시다 씨가 아닙니까?

꼭꼭 4 종조사 「よ」의 용법

> A あちらで 電話を かけて いる 人は だれですか。
> 저쪽에서 전화를 걸고 있는 사람은 누구입니까?
> B ああ、山本さんです**よ**。 아, 야마모토 씨예요.

종조사 「よ」는 문장 끝에 붙어 상대방이 모르는 일을 알려 주거나 자기의 의견을 주장할 때 사용한다.

① A これ、パクさんのじゃ ありませんか。 이거, 박 씨 것이 아닙니까?

　 B どこに ありましたか。 어디에 있었습니까?

　 A 机の 下に ありました**よ**。 책상 밑에 있었어요.

② A 韓国の 冬は 寒いですか。 한국의 겨울은 춥습니까?

　 B ええ、日本より 寒いです**よ**。 네, 일본보다 추워요.

③ A この 店は はじめてですか。 이 가게는 처음입니까?

　 B ええ、はじめてです。 네, 처음입니다.

　 A ここの てんぷらは とても おいしいです**よ**。 여기 튀김은 굉장히 맛있어요.

④ A あの 人は だれですか。 저 사람은 누구입니까?

　 B この 会社の 社長です**よ**。 이 회사 사장님이에요.

1 그림을 보고 보기와 같이 문장을 만들어 보자.

보기

이ー さん

▶ イーさんは　泳いで　います。

① 田中さん

▶ _______________________

② 佐藤さん

▶ _______________________

③ パクさん

▶ _______________________

④ キムさん

▶ _______________________

⑤ 木村さん

▶ _______________________

2 ( ) 안의 동사를 문맥에 맞게 고쳐 보자.

① あちらで　キムさんと　＿＿＿＿＿＿＿　人は　だれですか。（話す）

② もう　すぐ　＿＿＿＿＿＿＿　時間です。（始まる）

③ 電話を　＿＿＿＿＿＿＿　人が　佐藤さんです。（かける）

④ ここから　1時間ぐらい　＿＿＿＿＿＿＿　ところに　あります。（かかる）

3 짧은 글짓기

① 지금 먹고 있는 것은 무엇입니까?

▶ ＿＿＿＿＿＿＿＿＿＿＿＿＿＿＿＿＿＿＿＿＿

② 이거, 일본어 책이 아닙니까?

▶ ＿＿＿＿＿＿＿＿＿＿＿＿＿＿＿＿＿＿＿＿＿

③ 언니는 지금 텔레비전을 보고 있습니다.

▶ ＿＿＿＿＿＿＿＿＿＿＿＿＿＿＿＿＿＿＿＿＿

해답 📖

1 ①田中さんは　手紙を　書いて　います。　②佐藤さんは　歌を　歌って　います。
③パクさんは　電話を　かけて(して)　います。　④キムさんは　音楽を　聞いて　います。
⑤木村さんは　たばこを　吸って　います。

2 ①話して　いる　②始まる　③かけて　いる　④かかる　＊1번과 3번은 진행을 나타내는 「〜て　いる」를 써야 한다. 1번의 「話して　いる　人」는 우리말로는 '이야기하고 있는 사람, 이야기하는 사람'으로 해석되지만, 「話して　いる　人」 대신에 「話す　人」라고는 할 수 없다. 3번의 「電話を　かけて　いる」도 마찬가지로 「電話を　かける　人」라고 하면 '전화를 걸 사람'이라는 미래의 뜻이 된다.

3 ①今　食べて　いるのは　何ですか。　②これ、日本語の　本じゃ　ありませんか。
③姉は　今　テレビを　見て　います。

めがねを　かけて　いる　女の人です。

안경을 끼고 있는 여자입니다.

핵심문장

<u>01</u>　帽子が　落ちて　いますね。

<u>02</u>　音楽を　聞きながら　新聞を
　　読んで　いる　人ですね。

<u>01</u>　모자가 떨어져 있군요.

<u>02</u>　음악을 들으면서 신문을 읽고 있는 사람이군요.

① CD43

田中（たなか）　イーさん、みんな　集（あつ）まりましたか。

イー　はい、みんな　来（き）て　います。

田中　あ、帽子（ぼうし）が　落（お）ちて　いますね。

イー　それは　山本（やまもと）さんのです。

田中　どの　人（ひと）が　山本さんですか。

イー　あの　めがねを　かけて　いる　女（おんな）の人です。

田中　音楽（おんがく）を　聞（き）きながら　新聞（しんぶん）を　読（よ）んで　いる　人ですね。

イー　ええ、そうです。

田中　その　隣（となり）に　座（すわ）って　いる　人は　だれですか。

イー　あの　人は　韓国（かんこく）の　パクさんです。

田中　そうですか。きれいな　セーターを　着（き）て　いますね。

다나카	이 씨, 모두 모였습니까?
이	네, 모두 왔습니다.
다나카	아, 모자가 떨어져 있군요.
이	그것은 야마모토 씨 것입니다.
다나카	어느 사람이 야마모토 씨입니까?
이	저기 안경을 끼고 있는 여자입니다.
다나카	음악을 들으면서 신문을 읽고 있는 사람이군요.
이	네, 그렇습니다.
다나카	그 옆에 앉아 있는 사람은 누구입니까?
이	저 사람은 한국에서 온 박 씨입니다.
다나카	그렇습니까? 예쁜 스웨터를 입고 있군요.

새로운 단어

みんな 모두	를) 걸다 **2그룹**
あつ(集)まる 모이다 **1그룹**	〜ながら 〜하면서
ぼうし(帽子) 모자	となり(隣) 옆, 이웃
お(落)ちる 떨어지다 **2그룹**	すわ(座)る 앉다 **1그룹**
めがね(眼鏡) 안경	セーター(sweater) 스웨터
かける ① (몸에) 쓰다, 끼다, 걸치다 ② (전화	き(着)る 입다 **2그룹**

2 CD44

田中（たなか）　そろそろ　行（い）きましょうか。

みなさん、ここへ　集（あつ）まって　ください。

田中（たなか）　木村（きむら）さんの　顔（かお）が　見（み）えませんね。

イー　あ、今（いま）　トイレに　行って　います。

田中（たなか）　それじゃ、すこし　待（ま）ちましょうか。

다나카	슬슬 갈까요?
	여러분, 여기로 모여 주세요.

다나카	기무라 씨의 얼굴이 보이지 않는군요.
이	아, 지금 화장실에 갔습니다.
다나카	그럼, 조금 기다릴까요?

새로운 단어

そろそろ 슬슬

みな(皆)さん 여러분 ▶「みな」와「みんな」는 둘 다 '모두'라는 뜻으로 쓸 수 있다. 그러나「みなさん(여러분)」은 되지만「みんなさん」이라고는 할 수 없다.

かお(顔) 얼굴

み(見)える 보이다 2그룹

トイレ 화장실 ▶「トイレット(toilet)」의 줄임말

1 상태를 나타내는「〜て　います」표현

> ## 帽子が　落ちて　いますね。
> 모자가 떨어져 있군요.

「〜て　います」는 진행과 결과의 상태 두 가지의 의미를 가지고 있다. 진행의 의미를 가지고 있는「〜て　います(〜고 있습니다)」에 대해서는 19과에서 공부했다. 여기서는 상태의 의미를 가지고 있는「〜て　います(〜해 있습니다, 〜고 있습니다)」에 대해서 알아보도록 하자.

예를 들어「座って　います」나「立って　います」는 각각 '앉아 있습니다', '서 있습니다' 라는 뜻으로 앉아 있는 상태나 서 있는 상태를 나타낸다.

① キムさんは　座って　いますが、パクさんは　立って　います。
　김 씨는 앉아 있지만, 박 씨는 서 있습니다.

② 着物を　着て　います。기모노를 입고 있습니다.

③ 赤い　靴下を　はいて　います。빨간 양말을 신고 있습니다.

④ 白い　帽子を　かぶって　います。하얀 모자를 쓰고 있습니다.

위의 ②, ③, ④는 모두 '입고 있는 상태', '신고 있는 상태', '쓰고 있는 상태' 를 나타낸다. 그러나 다음의 예문에서는 입고, 신고, 쓰는 행동이 각각 진행 중에 있다. 이러한 동사는 문맥에 따라 진행의 의미를 나타내기도 하고 상태의 의미를 나타내기도 한다.

cf. ②（鏡を　見ながら）着物を　着て　います。
　　（거울을 보면서) 기모노를 입고 있습니다.

③（隣の　部屋で）靴下を　はいて　います。
　　（옆방에서) 양말을 신고 있습니다.

④（鏡を　見ながら）帽子を　かぶって　います。
　　（거울을 보면서) 모자를 쓰고 있습니다.

⑤ みんな　来て　います。모두 왔습니다 (모두 와 있습니다).

⑥ 兄は　日本に　行って　います。형은 일본에 갔습니다(형은 일본에 가 있습니다).

* 우리말로는 '오고 있다, 가고 있다' 라고 하지만「来て　います」, 「行って　います」를 '오고 있습니다', '가고 있습니다'로 해석해서는 안 된다.「来て　います」는 '와 있는 상태'를, 「行って　います」는 '가서 여기에는 없는 상태' 를 나타낸다.

 **2 동작의 동시 진행을 나타내는 「～ながら」 표현**

> 音楽を　聞き**ながら**　新聞を　読んで　いる　人ですね。
> 음악을 들으면서 신문을 읽고 있는 사람이군요.

「～ながら」는 '～하면서'라는 뜻으로, 동사의 ます형에 붙는다. 즉, '～하면서 ～한다'와 같이 두 가지 이상의 일이 동시에 진행됨을 나타낸다.

① 音楽を　聞き**ながら**　本を　読んで　います。
　 음악을 들으면서 책을 읽고 있습니다.

② 歩き**ながら**　アイスクリームを　食べて　います。
　 걸으면서 아이스크림을 먹고 있습니다.

③ テレビを　見**ながら**　ご飯を　食べて　います。
　 텔레비전을 보면서 밥을 먹고 있습니다.

④ 働き**ながら**　勉強するのは　たいへんです。
　 일하면서 공부하는 것은 힘듭니다.

 Check! 실력체크 문제

1 다음 그림을 보고 빈 칸에 들어갈 알맞은 말을 써 넣어 보자.

① 田中さんは　黒い　くつを ＿＿＿＿＿＿、めがねを ＿＿＿＿＿＿＿。

② 高橋さんは　きれいな　着物を ＿＿＿＿＿＿＿＿＿＿＿＿＿＿。

③ キムさんは　ワンピースを ＿＿＿＿、イヤリングを ＿＿＿＿＿＿＿。

④ 帽子を ＿＿＿＿＿＿、Tシャツを ＿＿＿＿＿＿ 人は　イーさんです。

⑤ パクさんは　白い　スカートを ＿＿＿＿＿＿＿＿＿＿＿。

　　帽子は ＿＿＿＿＿＿＿＿＿＿＿＿。

2 다음 그림을 보고 보기와 같이 문장을 만들어 보자.

보기

▶ コーヒーを　飲みながら　友達と　話して　います。

① ▶ ____

② ▶ ____

③ ▶ ____

Check! 실력체크 문제

1 ①はいて, かけて います ②着て います ③着て, して います

   ④かぶって, 着て いる ⑤はいて います, かぶって いません

2 ①テレビを 見ながら ご飯を 食べて います。

   ②アイスクリームを 食べながら 雑誌を 読んで います。

   ③音楽を 聞きながら 本を 読んで います。

もっと　仕事が　したいです。

<ruby>仕<rt>し</rt></ruby><ruby>事<rt>ごと</rt></ruby>

좀 더 일을 하고 싶습니다.

핵심문장

<u>01</u>　仕事が　したいです。

<u>02</u>　結婚したく　ありません。

<u>03</u>　彼は　早く　結婚したいと
　　言って　いますが…。

<u>01</u> 일을 하고 싶습니다.

<u>02</u> 결혼하고 싶지 않습니다.

<u>03</u> 그는 빨리 결혼하고 싶다고 하지만…….

1 CD45

私は　1979年生まれです。
わたし　　　　　ねん　う

父は　韓国人で、母は　日本人です。
ちち　かんこくじん　はは　に ほんじん

日本で　生まれて、韓国で　育ちました。
　　　　　　　　　　　　そだ

私には　結婚して　いる　兄が　一人　います。
　　　けっこん　　　　　あに　ひとり

兄夫婦は、今　大阪に　住んで　います。
ふう ふ　いま　おおさか　す

私は　大学で　デザインを　専攻しました。
　　　だいがく　　　　　　せんこう

コンピューターグラフィックにも　たいへん　興味が　あります。
　　　　　　　　　　　　　　　　　　　　きょう み

将来は　グラフィックデザイナーに　なりたいです。
しょうらい

저는 1979년생입니다.

아버지는 한국인이고, 어머니는 일본인입니다.

일본에서 태어나서 한국에서 자랐습니다.

저에게는 결혼한 오빠가 한 명 있습니다.

오빠 부부는 지금 오사카에 살고 있습니다.

저는 대학에서 디자인을 전공했습니다.

컴퓨터 그래픽에도 흥미가 아주 많습니다.

장래에는 그래픽 디자이너가 되고 싶습니다.

새로운 단어

〜ねん(年) ~년	せんこう(専攻)する 전공하다
〜う(生)まれ ~생	コンピューター(computer) 컴퓨터
かんこくじん(韓国人) 한국인	グラフィック(graphic) 그래픽
う(生)まれる 태어나다 2그룹	〜にも ~에도
そだ(育)つ 크다, 성장하다 1그룹	たいへん 대단히, 매우
けっこん(結婚) 결혼	きょうみ(興味) 흥미
あに(兄) 오빠, 형	しょうらい(将来) 장래
ふうふ(夫婦) 부부	デザイナー(designer) 디자이너
おおさか(大阪) 오사카 ▶일본의 지명	〜に なる ~이(가) 되다
す(住)む 살다 1그룹	〜に なりたいです ~이(가) 되고 싶습니다
デザイン(design) 디자인	

② CD46

私には　付き合って　いる　人が　います。
わたし　　　つ　あ　　　　　　　　ひと

友達の　　紹介で　知り合って、約一年前から　交際を　して　います。
ともだち　　しょうかい　し　あ　　やくいちねんまえ　　こうさい

彼は　　証券会社に　勤めて　います。
かれ　　しょうけんがいしゃ　つと

彼は　早く　結婚したいと　言って　いますが、
かれ　はや　けっこん　　　　い

私は、今は　あまり　結婚したく　ありません。
　　　いま

もっと　仕事が　したいです。
　　　しごと

いろいろな　経験を　する　時間が　ほしいです。
　　　　　けいけん　　　　じかん

今は　結婚より　仕事の　ほうが　おもしろいです。

저에게는 사귀고 있는 사람이 있습니다.

친구의 소개로 알게 되어 약 1년 전부터 교제를 하고 있습니다.

그는 증권회사에 근무하고 있습니다.

그는 빨리 결혼하고 싶다고 하지만,

저는 지금은 그다지 결혼하고 싶지 않습니다.

좀 더 일을 하고 싶습니다.

여러 가지 경험을 할 시간을 갖고 싶습니다.

지금은 결혼보다 일 쪽이 재미있습니다.

새로운 단어들

つ(付)きあ(合)う 사귀다 1그룹

しょうかい(紹介) 소개

し(知)りあ(合)う 서로 알게 되다 1그룹

やく(約) 약

こうさい(交際) 교제

かれ(彼) ①(애인·남편을 가리키는)그이, 저이 ②그, 그 남자

しょうけんがいしゃ(証券会社) 증권회사 ▶ 「しょうけんがいしゃ」의 경우 「かいしゃ」가 「がいしゃ」로 변한다.

つと(勤)める 근무하다 2그룹

はや(早)く 빨리, 일찍

～たい ～(하)고 싶다

～と い(言)う ～라고 (말)하다

～たく ありません ～(하)고 싶지 않습니다

もっと 더욱 더, 조금 더

しごと(仕事) 일, 직업

～たいです ～하고 싶습니다

けいけん(経験) 경험

ほ(欲)しい 갖고 싶다, 원하다

～が ほしいです ～을(를) 갖고 싶습니다, ～을(를) 원합니다

1 희망을 나타내는 「〜たい」 표현

> **もっと　仕事が　したいです。**
> 좀 더 일을 하고 싶습니다.

「〜たい」는 동사의 ます형에 접속하며, '〜하고 싶다' 라는 뜻으로 말하는 사람의 소망이나 희망을 나타낸다. 「〜たい」는 イ형용사와 같은 활용을 한다. 즉, '〜하고 싶습니다' 는 「〜たいです」, '〜하고 싶지 않습니다' 는 「〜たく　ありません」 또는 「〜たく　ないです」가 된다. 주의할 점은 우리말은 '〜을/를 하고 싶다' 라고 하지만, 일본어는 「〜を　〜たい」와 「〜が　〜たい」 둘 다 가능하다. 물론 아래의 예문 ②와 같이 「〜に　会う(〜을/를 만나다)」와 「〜に　乗る(〜을/를 타다)」와 같은 말은 「〜に　会いたい(〜을/를 만나고 싶다)」, 「〜に　乗りたい(〜을/를 타고 싶다)」라고 해야 한다.

① 水が　飲みたいです。 물을 마시고 싶습니다.
② 会社を　辞めたいです。 회사를 그만두고 싶습니다.
③ 家族に　会いたいです。 가족을 만나고 싶습니다.
④ 今は　あんまり　結婚したく　ありません。 지금은 별로 결혼하고 싶지 않습니다.
⑤ ご飯を　食べたく　ありません。 밥을 먹고 싶지 않습니다.

2 희망을 나타내는 「〜ほしい」 표현

> **時間が　ほしいです。** 시간을 갖고 싶습니다.

「〜が　ほしい」는 '〜을/를 자기 것으로 하고 싶다, 〜을/를 갖고 싶다' 라는 뜻이다. 여기서 주의할 것은 「〜を　ほしい」가 아니라 「〜が　ほしい」라는 점이다. 「〜たい」와 마찬가지로 희망을 나타내며 イ형용사와 같은 활용을 한다. 따라서 '갖고 싶습니다' 는 「ほしいです」, '갖고 싶지 않습니다' 는 「ほしく　ありません」 또는 「ほしく　ないです」라고 한다.

① お金が　ほしいです。 돈을 갖고 싶습니다(돈이 필요합니다).
② シルクの　スカーフが　ほしいです。 실크 스카프를 갖고 싶습니다.
③ 早く　子供が　ほしいです。 빨리 아이를 갖고 싶습니다.

3　'~이/가 되다'라는「～に　なる」표현

> ### グラフィックデザイナーに　なりたいです。
> 그래픽 디자이너가 되고 싶습니다.

「～に　なる」는 '~이/가 되다' 라는 뜻을 나타내는데, 「～が　なる」가 아니라 「～に　なる」인 점에 주의하자. 여기서 「なりたいです」는 「なる(되다)＋たいです(～(하)고 싶습니다)」로 '되고 싶습니다' 라는 뜻이 된다.

① 小学校の　先生に　なりたいです。초등학교 선생님이 되고 싶습니다.
② 社長に　なりたいです。사장이 되고 싶습니다.
③ 有名な　人に　なりたいです。유명한 사람이 되고 싶습니다.

4　전언을 나타내는「～と　言って　います」표현

> ### 彼は　早く　結婚したいと　言って　いますが…。
> 그는 빨리 결혼하고 싶다고 하지만…….

「～と　言って　います」는 직역하면 '~라고 말하고 있습니다' 이지만, 의역해서 '~라고 (말)합니다' 라고 하는 것이 좋다. 여기서 「言って　います」는 '평상시에 몇 번이고 반복적으로 말했다' 는 느낌을 나타낸다.

① キムさんは　日本へ　行きたいと　言って　います。
　　김 씨는 일본에 가고 싶다고 합니다.
② 田中さんは　3時に　来ますと　言いました。
　　다나카 씨는 3시에 온다고 했습니다.

5 「〜年」을 나타내는 표현

何年ですか。 몇 년입니까?

いち ねん 1 年 일 년	に ねん 2 年 이 년	さん ねん 3 年 삼 년	よ ねん 4 年 사 년	ご ねん 5 年 오 년	ろく ねん 6 年 육 년
なな・しち ねん 7 年 칠 년	はち ねん 8 年 팔 년	きゅう ねん 9 年 구 년	じゅう ねん 10 年 십 년	じゅういちねん 11 年 십일 년	じゅうに ねん 12 年 십이 년

6 백에서 1억까지 숫자 읽기

100	ひゃく	1,000	せん	10,000	いちまん
200	にひゃく	2,000	にせん	20,000	にまん
300	さんびゃく	3,000	さんぜん	30,000	さんまん
400	よんひゃく	4,000	よんせん	40,000	よんまん
500	ごひゃく	5,000	ごせん	50,000	ごまん
600	ろっぴゃく	6,000	ろくせん	60,000	ろくまん
700	ななひゃく	7,000	ななせん	70,000	ななまん
800	はっぴゃく	8,000	はっせん	80,000	はちまん
900	きゅうひゃく	9,000	きゅうせん	90,000	きゅうまん
10万	じゅうまん	100万	ひゃくまん		
1000万	（いっ）せんまん	1億	いちおく		

(1) 「〜百」: 「三百」에서는 「〜びゃく」로, 「六百, 八百」에서는 「〜ぴゃく」로 소리나고 「ろく」 가 「ろっ」으로 「はち」가 「はっ」으로 변하므로 주의하자.

(2) 「〜千」: 「三千」에서는 「〜ぜん」으로 소리나고, 「八千」에서는 「はち」가 「はっ」으로 변하 므로 주의하자.

(3) 「百, 千, 万…」 등 단위를 나타낼 때는 「万」이라고 하지만, '만 천 엔', '만 삼천 명' 등의 '만' 은 「一万」이라고 해야 한다. 즉, 「いちまんせんえん（いちまんいっせんえん）」, 「いち まんさんぜんめい」가 된다. 또한 「千万」은 보통은 「せんまん」이라고 하는데 「いっせんま ん」이라고 하는 경우도 있다.

1 보기와 같이 ( ) 안의 동사를 문맥에 맞게 고쳐 보자.

> 보기　何か　冷たい　ものが　<u>飲みたいです</u>。（飲む）

① 疲れました。すこし ＿＿＿＿＿＿＿＿＿＿＿＿＿。（休む）

② のどが　かわきました。水が ＿＿＿＿＿＿＿＿＿＿＿＿＿。（飲む）

③ 早く　友達に ＿＿＿＿＿＿＿＿＿＿＿。（会う）

④ 会社を ＿＿＿＿＿＿＿＿＿。（辞める）

⑤ Ａ　Ｂさんも　行きますか。
　 Ｂ　いいえ、私は　あまり ＿＿＿＿＿＿＿＿＿＿＿＿＿＿＿＿。（行く）

2 다음 그림을 보고 보기와 같이 문장을 만들어 보자.

> ▶ 佐藤さんは　明日から　テストだと　言いました。

①

▶ ＿＿＿＿＿＿＿＿＿＿＿＿＿＿＿＿＿＿＿＿＿＿＿＿＿

3 다음 질문을 옆 사람과 묻고 대답해 보자.

① 何年生まれですか。

▶ ____

② 誕生日は　いつですか。

▶ ____

③ 将来、　何に　なりたいですか。

▶ ____

해답

1　①休みたいです　②飲みたいです　③会いたいです　④辞めたいです　⑤行きたく　ありません

2　①イーさんは　疲れたと　言いました。　②木村さんは　きょう　お酒が　飲みたいと　言いました。

　③キムさんは　6時に　会いましょうと　言いました。

3　①1974年生まれです。　②9月20日です。　③デザイナーに　なりたいです。（※여기의 답은 예로 실은 것입니다.）

テストは　もう　終わりましたか。

テ스트는 이제 끝났습니까?

핵심문장

<u>01</u>　もう　終わりましたか。

<u>02</u>　まだ　決まって　いません。

<u>03</u>　行って　みたいです。

<u>01</u> 이제 끝났습니까?

<u>02</u> 아직 정해지지 않았습니다.

<u>03</u> 가 보고 싶습니다.

1 CD47

佐藤　テストは　もう　終わりましたか。

イー　ええ、もう　終わりました。

　　　でも、レポートが　一つ　残って　います。

佐藤　そうですか。もう　すぐ　春休みですね。

　　　春休みに　国へ　帰りますか。

イー　ええ、帰ります。

佐藤　飛行機の　予約は　もう　しましたか。

イー　ええ、一か月前に　しました。

佐藤　ソウルまでの　料金は　いくらですか。

イー　往復で　3万円ぐらいです。

佐藤　安いですね。国へ　帰って、何を　しますか。

イー　まず、友達に　会いたいです。

　　　それから、おいしい　ものを　たくさん　食べたいです。

사토	테스트는 이제 끝났습니까?
이	네, 이제 끝났습니다.
	하지만, 리포트가 하나 남아 있습니다.
사토	그렇습니까? 이제 곧 봄 방학이군요.
	봄 방학에 고국에 돌아갑니까?
이	네, 돌아갑니다.
사토	비행기 예약은 이미 했습니까?
이	네, 한달 전에 했습니다.
사토	서울까지의 요금은 얼마입니까?
이	왕복에 3만 엔 정도입니다.
사토	싸군요. 고국에 (돌아)가서 무엇을 할 겁니까?
이	먼저, 친구를 만나고 싶습니다.
	그리고, 맛있는 것을 많이 먹고 싶습니다.

새로운 단어들

お(終)わる 끝나다 1그룹
のこ(残)る 남다 1그룹
はるやす(春休)み 봄 방학
くに(国) ① 고국, 고향 ② 나라, 국가
国へ 帰る 고국(고향)에 돌아가다 ▶우리는 흔히 '집에 간다', '고향에 간다' 라고 하는데, 일본어는 「家へ 行く」, 「国へ 行く」라고는 하지 않는다. 반드시 「帰る」를 사용해야 한다.
ひこうき(飛行機) 비행기
よやく(予約) 예약
～かげつ(月) ～개월 ▶「～箇月」 또는 「～ヶ月」로도 쓴다.

いっ(一)かげつ(月) 1개월
りょうきん(料金) 요금
いくら 얼마
おうふく(往復) 왕복
～で ～에 ▶여기서는 기준이나 한도를 나타낸다.
～えん(円) 엔 ▶일본의 화폐단위
さんまんえん(三万円) 삼만 엔
まず 우선
たくさん 많이

2 CD48

イー　佐藤さんも　春休みに　田舎へ　帰りますか。

佐藤　いいえ、ぼくは　アルバイトを　します。

　　　その　お金で　ヨーロッパ旅行を　したいです。

　　　いろいろな　ところに　行って　みたいです。

イー　そうですか。アルバイト先は　もう　決まりましたか。

佐藤　いいえ、まだ　決まって　いません。

이	사토 씨도 봄 방학에 고향에 돌아갑니까?
사토	아니요, 저는 아르바이트를 할 겁니다.
	그 돈으로 유럽 여행을 하고 싶습니다.
	여러 곳에 가 보고 싶습니다.
이	그렇습니까? 아르바이트 할 곳은 이미 정해졌습니까?
사토	아니요, 아직 정해지지 않았습니다.

새로운 단어

いなか(田舎) 고향, 시골

ぼく 나, 저 ▶남자들이 사용하는 1인칭 대명사로서, 대등한 관계나 손아랫사람에게 사용한다.

おかね(金) 돈 ▶여기서 「お」는 미화를 나타낸다.

ヨーロッパ(Europe) 유럽

〜て みたいです 〜해 보고 싶습니다 ▶「〜て みる(〜해 보다) + たいです(〜하고 싶습니다)」

いろいろだ 여러 가지다

〜さき(先) 〜하는 곳, 〜처

き(決)まる 정해지다, 결정되다 (1그룹)

1 미완료를 나타내는 표현

> A もう　決まりましたか。 이미 정해졌습니까?
>
> B ええ、もう　決まりました。 네, 이미 정해졌습니다.
>
> B′ いいえ、まだ　決まって　いません。 아니요, 아직 정해지지 않았습니다.

「まだ　～て　いません」은 '아직 ～(하)지 않았습니다' 라는 뜻으로 미완료를 나타낸다.

보기
- 아직 먹지 않았습니다 → (O)まだ　食べて　いません。
  - (×)まだ　食べませんでした。
- 아직 끝나지 않았습니다 → (O)まだ　終わって　いません。
  - (×)まだ　終わりませんでした。
- 아직 결혼하지 않았습니다 → (O)まだ　結婚して　いません。
  - (×)まだ　結婚しませんでした。
- 아직 정해지지 않았습니다 → (O)まだ　決まって　いません。
  - (×)まだ　決まりませんでした。

① A もう　読みましたか。 이미 읽었습니까?

　 B はい、もう　読みました。 네, 이미 읽었습니다.

② A 結婚して　いますか。 결혼했습니까?

　 B いいえ、結婚して　いません。 아니요, 결혼하지 않았습니다.

③ A お昼は　もう　食べましたか。 점심은 벌써 먹었습니까?

　 B いいえ、まだ　食べて　いません。 아니요, 아직 먹지 않았습니다.

 **2** 시도를 나타내는 「～て　みる」 표현

> ### いろいろな　ところに　行って　みたいです。
> 여러 곳에 가 보고 싶습니다.

「～て　みる」는 '～해 보다' 라는 뜻으로, 사실상 눈으로 「見る(보다)」라는 의미는 포함되어 있지 않다. 따라서 「～て　みる」의 표기는 한자가 아닌 히라가나로 써야 한다. 여기서 「～て　みたいです(～해 보고 싶습니다)」는 「～て　みる」에 희망을 나타내는 「～たいです」가 붙은 표현이다.

① 北海道へ　行って　みたいです。 홋카이도에 가 보고 싶습니다.

② この　音楽を　聞いて　みて　ください。 이 음악을 들어 보십시오.

③ ちょっと　待って　ください。探して　みます。 좀 기다려 주십시오. 찾아보겠습니다.

④ 中に　入って　みましょう。 안으로 들어가 봅시다.

 **3** 「～円」을 읽는 방법

> ### いくらですか。
> 얼마입니까?

いち えん 1 円 일엔	に えん 2 円 이엔	さん えん 3 円 삼엔	よ えん 4 円 사엔	ご えん 5 円 오엔
ろく えん 6 円 육엔	なな えん 7 円 칠엔	はち えん 8 円 팔엔	きゅう えん 9 円 구엔	じゅう えん 10 円 십엔

일본 화폐의 단위는 「円」이다. 다음 금액을 일본어로 말하는 연습을 해 보자.

보기
- 364円… さんびゃく　ろくじゅう　よえん
- 8,600円… はっせん　ろっぴゃくえん
- 13,800円… いちまん　さんぜん　はっぴゃくえん

곡선 4 개월 수를 읽는 방법

何か月ですか。
몇 개월입니까?

いっ げつ **1か月** 1개월	に げつ **2か月** 2개월	さん げつ **3か月** 3개월	よん げつ **4か月** 4개월	ご げつ **5か月** 5개월	ろっ げつ **6か月** 6개월
なな げつ **7か月** 7개월	はっ げつ **8か月** 8개월	きゅう げつ **9か月** 9개월	じゅっ げつ **10か月** 10개월	じゅういっ げつ **11か月** 11개월	じゅうに げつ **12か月** 12개월

'1개월', '2개월' 은 「一月(한 달)」, 「二月(두 달)」라고도 한다.

* 「月」의 여러 가지 읽는 법 정리

① 月((달력의) 달, 월)　●月はじめ　월초
② ～月(～월)　●9月に　生まれました。 9월에 태어났습니다.
③ ～か月(～개월)　●1か月　かかりました。 1개월 걸렸습니다.
④ ～月(～달)　●1月に　一度　集まります。 한 달에 한 번 모입니다.

1 빈 칸에 들어갈 알맞은 말을 써 넣어 보자.

① A 結婚して　いますか。（×）

   B いいえ、まだ ________________________。

② A 会議は　もう　終わりましたか。（O）

   B はい、________________________。

③ A 試験は　もう　始まりましたか。（×）

   B ________________________。

④ A もう　予約を　しましたか。（×）

   B ________________________。

2 보기와 같이 빈 칸에 가격을 ひらがな로 써 보자.

> 보기
>
> A いくらですか。（6,800円）
> B ろくせん　はっぴゃくえんです。

① A いくらですか。（534円）

   B ________________________

② A いくらですか。（48,600円）

   B ________________________

③ A いくらですか。（153,500円）

   B ________________________

3 짧은 글짓기

① 리포트를 벌써 냈습니까?

▶ ____

② 아니요, 아직 안 냈습니다.

▶ ____

③ 여러 가지 운동을 해 보고 싶습니다.

▶ ____

해답

1 ①結婚して いません ②もう 終わりました ③いいえ、まだ 始まって いません
④いいえ、まだ して いません
2 ①ごひゃく さんじゅう よえんです。 ②よんまん はっせん ろっぴゃくえんです。
③じゅうごまん さんぜん ごひゃくえんです。
3 ①レポートを もう 出しましたか。 ②いいえ、まだ 出して いません。 ③いろいろな 運動を し
て みたいです。

何<ruby>なに</ruby>を　見<ruby>み</ruby>て　いるんですか。

무엇을 보고 있는 겁니까?

핵심문장

<u>01</u>　何を　見て　いるんですか。

<u>02</u>　きれいに　写って　いますね。

<u>03</u>　キムさんを　知って　いますか。

<u>01</u>　무엇을 보고 있는 겁니까?

<u>02</u>　깨끗하게(선명하게) 찍혔군요.

<u>03</u>　김 씨를 알고 있습니까?

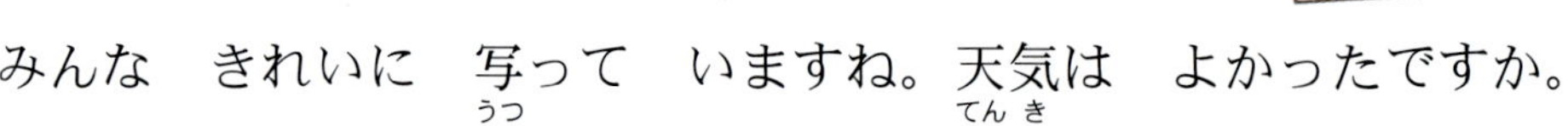

パク　　何を　見て　いるんですか。
　　　　なに　み

鈴木　　社員旅行の　時の　写真です。
すずき　　しゃいんりょこう　とき　しゃしん

パク　　ちょっと　見せて　ください。

　　　　みんな　きれいに　写って　いますね。天気は　よかったですか。
　　　　　　　　　　　　うつ　　　　　　　　てんき

鈴木　　ええ、とても　よかったです。

パク　　木村さんは　おもしろい　ポーズを　して　いますね。
　　　　きむら

　　　　あら、歌も　歌ったんですか。
　　　　　　うた

鈴木　　ええ、みんな　楽しく　歌いました。

パク　　お酒も　たくさん　飲んだんですか。
　　　　さけ　　　　　　　　　の

鈴木　　ええ、私は　ビールを　5本も　飲みました。
　　　　　　わたし　　　　　　ほん

鈴木　　営業部の　キムさんを　知って　いますか。
　　　　えいぎょうぶ　　　　　　し

パク　　ええ、よく　知って　います。大学の　後輩です。
　　　　　　　　　　　　　　　　だいがく　こうはい

鈴木　　そうですか。

パク　　帰りの　バスでは　みんな　眠ったんですね。
　　　　かえ　　　　　　　　　ねむ

鈴木　　ええ、とても　疲れましたよ。
　　　　　　　　　　つか

박	무엇을 보고 있는 겁니까?
스즈키	사원여행 때의 사진입니다.
박	좀 보여 주세요.
	모두 깨끗하게(선명하게) 찍혔군요. 날씨는 좋았습니까?
스즈키	네, 매우 좋았습니다.
박	기무라 씨는 재미있는 포즈를 하고 있군요.
	어, 노래도 불렀습니까?
스즈키	네, 모두 즐겁게 노래했습니다.
박	술도 많이 마셨습니까?
스즈키	네, 저는 맥주를 다섯 병이나 마셨습니다.
스즈키	영업부의 김 씨를 알고 있습니까?
박	네, 잘 알고 있습니다. 대학교 후배입니다.
스즈키	그렇습니까?
박	돌아오는 버스에서는 모두 잠들었군요.
스즈키	네, 굉장히 피곤했거든요.

새로운 단어

~んですか ~는 것입니까?, ~는 거예요?	ビール(beer) 맥주
しゃいん(社員) 사원	ほん・ぼん・ぽん(本) ~병, ~자루 ▶연필, 병,
とき(時) 때	우산 등 길고 가느다란 물건을 셀 때 사용한다.
み(見)せる 보여 주다 [2그룹]	ごほん(5本) 다섯 병
きれいに 예쁘게, 깨끗하게, 선명하게	えいぎょうぶ(営業部) 영업부
うつ(写)る 찍히다 [1그룹]	し(知)る 알다 [1그룹]
ポーズ(pose) 포즈, 자세	よく 잘, 자주
ポーズを する 포즈를 하다, 포즈를 취하다	こうはい(後輩) 후배
あら 어머, 어머나	かえ(帰)り 돌아옴(감), 돌아올 때, 귀로
たの(楽)しく 즐겁게, 재미있게	ねむ(眠)る 잠들다, 잠자다 [1그룹]

1 「～んです」의 용법

> A 何を 見て いるんですか。 무엇을 보고 있는 겁니까?
> B 社員旅行の 時の 写真です。 사원여행 때의 사진입니다.

「～んです」는 무언가를 설명하는 경우에 자주 사용하는 표현으로, 문장체에서는 「ん」 대신 「の」를 사용하는 경우가 많다. 「～んですか」는 상대방에게 설명을 요구하는 느낌을 나타낸다. 「～て いますか」와 「～て いるんですか」를 비교해 보면 다음과 같다. 「～て いますか」는 눈앞에 보이는 상대방이 아닌 제3자의 행동을 객관적으로 물을 때 사용한다.

- Aさんは 何を 食べて いますか。
- Bさんは 何を 読んで いますか。
- Cさんは 何を 飲んで いますか。

반면, 「～て いるんですか」는 현재 무언가를 먹고(읽고·마시고) 있는 상대방에게 그 먹고(읽고·마시고) 있는 것이 무엇인지를 구체적으로 묻는 표현이다.

① A 何を 読んで いるんですか。 무엇을 읽고 있는 겁니까?
　 B 友達からの 手紙です。 친구한테서 온 편지입니다.

② A 何を 食べて いるんですか。 무엇을 먹고 있는 겁니까?
　 B お菓子です。 과자입니다.

③ A 何を 作って いるんですか。 무엇을 만들고 있는 겁니까?
　 B お寿司です。 초밥입니다.

④ A どこへ 行くんですか。 어디에 가는 겁니까?
　 B 郵便局 です。 우체국입니다.

⑤ A 出かけるんですか。 외출하는 겁니까?
　 B ええ、買い物に 行きます。 네, 쇼핑하러 갑니다.

⑥ みんな 眠ったんですね。 모두 잠들었군요.

＊「～んです(ね)」는 어떤 사실을 확인하는 느낌으로도 사용한다.
＊「眠って いる」 대신 「寝て いる(자고 있다)」를 사용해도 된다.

2 「知って います」의 용법

A 営業部の キムさんを 知って いますか。
영업부의 김씨를 알고 있습니까(압니까)?

B ええ、よく 知って います。 네, 잘 알고 있습니다(압니다).

B′ いいえ、知りません。 아니요, 모릅니다.

듣거나 보거나 배워서 알고 있는 상태는 「知って います(알고 있습니다, 압니다)」라고 하는데, 이 때 「知ります」라고는 할 수 없다. 그러나 부정 표현은 「知って いません」이라고 하지 않고 「知りません」이라고 해야 한다.

보기

● A　この 人を 知って いますか。（×）知りますか。이 사람을 압니까?
　B　はい、知って います。（×）知ります。네, 압니다.

● A　この 歌を 知って いますか。（×）知りますか。이 노래를 압니까?
　B　いいえ、知りません。（×）知って いません。아니요, 모릅니다.

3 ナ형용사의 동사 수식형

きれいに 写って いますね。
깨끗하게(선명하게) 찍혔군요.

ナ형용사가 뒤의 명사를 수식할 경우에는 어미 「だ」가 「な」로 바뀌게 된다는 것은 앞에서 공부했다.(⇨7과) 여기서는 ナ형용사가 동사(용언)를 수식하는 경우이다. 이 경우 ナ형용사의 어미 「だ」는 「に」로 바뀐다.

① **静かに** して ください。 조용히 해 주세요.

② 部屋を **きれいに** 掃除しました。 방을 깨끗하게 청소했습니다.

③ **簡単に** 話します。 간단하게 이야기하겠습니다.

4 イ형용사의 동사 수식형

楽しく 歌いました。

즐겁게 노래했습니다.

イ형용사가 뒤의 명사를 수식할 때는 어미가 「い」의 형태 그대로지만(⇨5과), 동사를 수식할 경우에는 어미 「い」가 「く」로 바뀐다.

① おいしく 食べました。 맛있게 먹었습니다.

② すこし 安く して ください。 조금 싸게 해 주세요.

③ 口を 大きく 開けて ください。 입을 크게 벌리세요.

5 병·연필 등을 세는 말

何本ですか。

몇 병입니까?

いっぽん 1本 한 병	に ほん 2本 두 병	さんぼん 3本 세 병	よんほん 4本 네 병	ご ほん 5本 다섯 병
ろっぽん 6本 여섯 병	なな ほん 7本 일곱 병	はっぽん 8本 여덟 병	きゅうほん 9本 아홉 병	じゅっ ぽん 10本 열 병

「〜本」은 연필(볼펜)이나 병 등 가늘고 긴 물건을 셀 때 사용하는 단위로서, '〜자루', '〜병'으로 해석하면 된다. 「〜本」은 「ほん」, 「ぼん」, 「ぽん」으로 소리나므로 발음의 변화와 함께 정확하게 외워두어야 한다. 참고로, 「7本」은 「ななほん, しちほん」 둘 다 읽힐 수 있으며, 「8本」도 「はっぽん, はちほん」 둘 다 읽힐 수 있다는 것을 기억해두자.

Check! 실력체크 문제

1 보기와 같이 ( ) 안의 단어를 사용하여 질문과 대답을 만들어 보자.

> 보기
>
> （見る／旅行の　時の　写真）
> A　何を　見て　いるんですか。
> B　旅行の　時の　写真を　見て　いるんです。

① （書く／レポート）

A　_______________________________

B　_______________________________

② （探す／車の　キー）

A　_______________________________

B　_______________________________

③ （飲む／ウイスキー）

A　_______________________________

B　_______________________________

④ （作る／キムチ）

A　_______________________________

B　_______________________________

⑤ （行く／図書館）

A　_______________________________

B　_______________________________

2　(　　) 안의 말을 문맥에 맞게 고쳐 보자.

① 部屋を ＿＿＿＿＿＿ 掃除しました。(きれいだ)

② 私は ＿＿＿＿＿＿ 音楽が　好きです。(静かだ)

③ あのう、　すこし ＿＿＿＿＿＿のは　ありませんか。(小さい)

④ ＿＿＿＿＿＿　食べました。(おいしい)

⑤ ＿＿＿＿＿＿　して　ください。(静かだ)

⑥ 私たちは　カラオケで ＿＿＿＿＿＿　歌いました。(楽しい)

3　짧은 글짓기

① 무슨 이야기를 하고 있는 겁니까? (무슨…何の)

▶ ＿＿＿＿＿＿＿＿＿＿＿＿＿＿＿＿＿＿＿

② 이건 파티 때의 사진인데, 아주 예쁘게 찍혀 있습니다.

▶ ＿＿＿＿＿＿＿＿＿＿＿＿＿＿＿＿＿＿＿

③ 우산 하나 주세요.

▶ ＿＿＿＿＿＿＿＿＿＿＿＿＿＿＿＿＿＿＿

해답

1　①A 何を　書いて　いるんですか。B レポートを　書いて　いるんです。②A 何を　探して　いるんですか。B 車の　キーを　探して　いるんです。③A 何を　飲んで　いるんですか。B ウイスキーを　飲んで　いるんです。④A 何を　作って　いるんですか。B キムチを　作って　いるんです。⑤A どこへ　行くんですか。B 図書館へ　行くんです。

2　①きれいに　②静かな　③小さい　④おいしく　⑤静かに　⑥楽しく

3　①何の　話を　して　いるんですか。②これは　パーティーの　時の　写真ですが、とても　きれいに　写って　います。③傘　1本　ください。

写真を　撮っても　いいですか。

사진을 찍어도 됩니까?

핵심문장

01 写真を　撮っても　いいですか。

02 触らないで　ください。

03 触っては　いけないんですよ。

01 사진을 찍어도 됩니까?

02 손대지 말아 주십시오.

03 손대면 안 돼요.

① CD50

案内係　　　お客さま。すみませんが、展示物に　触らないで　ください。
（あんないがかり）　（きゃく）　　　　　　　（てんじぶつ）　（さわ）

田中　　　　あっ、キムさん、絵に　触っては　いけないんですよ。
　　　　　　　　　　　　　　（え）

キム　　　　すみません。あのう、写真を　撮っても　いいですか。
　　　　　　　　　　　　　　（しゃしん）　（と）

田中　　　　写真は　撮っても　いいですが、フラッシュは　使わないで　ください。
　　　　　　　　　　　　　　　　　　　　　　　　　（つか）

キム　　　　フラッシュを　使っては　いけないんですか。

　　　　　　わかりました。このまま、撮って　みます。

田中　　　　それじゃ、キムさん、私は　先に　出ても　いいですか。
　　　　　　　　　　　　　　　（わたし）　（さき）　（で）

キム　　　　ええ、どうぞ。私も　すぐ　行きます。
　　　　　　　　　　　　　　　　　　　（い）

안내원　손님, 죄송합니다만, 전시물에 손대지 말아 주십시오.

다나카　앗, 김 씨, 그림에 손대면 안 돼요.

김　죄송합니다. 저기, 사진을 찍어도 됩니까?

다나카　사진은 찍어도 됩니다만, 플래시는 터뜨리지 마세요.

김　플래시를 터뜨리면 안 됩니까?

　알겠습니다. 이대로 찍어 보겠습니다.

다나카　그럼 김 씨, 저는 먼저 나가도 괜찮겠습니까?

김　네, 그러세요. 저도 바로 가겠습니다.

새로운 단어

あんない(案内)　안내

かかり(係)　담당, 담당자, ~계

あんないがかり(案内係)　안내담당, 안내계
　▶「かかり」가「がかり」로 발음이 변한다.

~さま(様)　~님 ▶「~さん」보다 더욱 존경의 뜻
　을 담고 있으며, 편지 겉봉에 '~님 귀하' 또는 공
　식적인 문서 등에서 많이 쓴다.

てんじぶつ(展示物)　전시물

さわ(触)る　만지다, 손을 대다　1그룹

~に 触る　~을 만지다, ~에 손대다 ▶「~を 触
　る」라고는 하지 않는다.

~ないで ください　~하지 말아 주십시오,
　~하지 마세요

え(絵)　그림

~ては いけないんです　~해서는 안 됩니다

触っては いけないんですよ　만지면 안 됩니
　다 ▶「触る(만지다, 손대다) + ては いけないん
　ですよ(~해서는 안 돼요)」

と(撮)る　찍다　1그룹

~ても いいですか　~해도 됩니까?, ~해도
　괜찮겠습니까?

撮っても いいですか　찍어도 됩니까?

フラッシュ(flash)　플래시

つか(使)う　사용하다　1그룹

このまま　이대로

さき(先)に　먼저

で(出)る　나가다, 나오다　2그룹

2　CD51

店員 てんいん	あのう、お客 さま。すみませんが、ガラスの　上に　お荷物を 置かないで　ください。
田中 たなか	あっ、すみません。 あのう、この　絵葉書、ください。
店員	4枚ですね。800円です。
田中	細かいのが　ないんですが、一万円札でも　いいですか。
店員	ええ、もちろん　けっこうです。

점원　저기, 손님. 죄송하지만, 유리 위에 짐을 놓지 말아 주세요.

다나카　앗, 미안합니다.

　　　저기, 이 그림엽서 주세요.

점원　4장이군요. 800엔입니다.

다나카　잔돈이 없는데, 만 엔짜리 지폐도 괜찮습니까?

점원　네, 물론 괜찮습니다.

새로운 단어

ガラス(glass) 유리

おにもつ(荷物) 짐 ▶여기서 「お」는 경의를 나타
낸다.

お(置)く 놓다, 두다 〔1그룹〕

えはがき(絵葉書) 그림엽서

〜まい(枚) 〜장 ▶종이, 엽서, 접시 등 얇고 평평
한 것을 세는 단위

こま(細)かい (금액이) 잘다, 작다

細かいのが ないんです 잔돈이 없습니다

さつ(札) 지폐

もちろん 물론

けっこうだ ①좋다 ②(사양하는 뜻으로)이제
됐다, 충분하다 (⇨16과)

もちろん けっこうです 물론 괜찮습니다

1 허락을 구하는 「～ても　いいですか」 표현

> A 先に　出ても　いいですか。 먼저 나가도 괜찮습니까?
>
> B ええ、どうぞ。 네, 그러세요.

「～ても　いいですか」는 '~해도 됩니까?, ~해도 좋습니까?, ~해도 괜찮습니까?' 라는 뜻으로, 상대방에게 허락이나 승낙을 구하는 표현이다. 승낙을 할 경우에는 다음과 같이 말하면 된다.

● はい、～ても　いいです。 네, ~해도 됩니다.
● はい、いいです。 네, 좋습니다.
● はい、どうぞ。 네, 그렇게 하세요.

「～ても　いいです(か)」가 イ형용사와 연결될 때는 イ형용사의 어미 「い」를 「く」로 바꾸고 「イ형용사의 어간＋くても　いいです(か)」를 붙이면 된다. ナ형용사와 명사의 경우는 ナ형용사의 어간과 명사에 「でも　いいです(か)」를 붙이면 된다.

명사	단어＋でも　いいです(か)
ナ형용사	어간＋でも　いいです(か)
イ형용사	어간＋くても　いいです(か)
동사	て형＋ても　いいです(か)

① A ここで　たばこを　吸っても　いいですか。 여기서 담배를 피워도 됩니까?
　 B すみません。ここは　禁煙なんです。 미안합니다. 여기는 금연입니다.

② A もう　すこし　安い　部屋は　ありませんか。 좀 더 싼 방은 없습니까?
　 B 駅から　遠くても　いいですか。 역에서 멀어도 됩니까?

③ A ここは　トイレが　共用です。すこし　不便でも　いいですか。
　 여기는 화장실이 공용입니다. 좀 불편해도 괜찮겠습니까?
　 B はい、いいです。 네, 괜찮습니다.

④ A ここに　はんこを　押して　ください。 여기에 도장을 찍어 주세요.
　 B サインでも　いいですか。 사인도 괜찮습니까?

2 동사의 ない형 (부정형)

「〜ない」는 '〜지 않다' 라는 뜻으로 부정의 의미를 나타내며, 활용은 イ형용사와 같다.

1그룹 동사 **(5단 동사)** 기본형의 끝음을 그 행의 あ단음으로 바꾸고 「ない」를 붙인다.	行く → 行**か**ない（**か** き く け こ） 가다　　가지 않다 読む → 読**ま**ない（**ま** み む め も） 읽다　　읽지 않다 言う → 言**わ**ない（**わ**　　　　 を） 말하다　　말하지 않다 帰る → 帰**ら**ない（**ら** り る れ ろ） 돌아가(오)다　돌아가(오)지 않다
예외	ある 있다 → **ない** 없다 　　　　（×）あらない
2그룹 동사 **(상1단 동사 ·** **하1단 동사)** 「る」를 없애고 「ない」를 붙인다.	見る → 見ない 보다　　보지 않다 起きる → 起きない 일어나다　일어나지 않다 食べる → 食べない 먹다　　먹지 않다 出る → 出ない 나가(오)다　나가(오)지 않다
3그룹 동사 **(カ행 변격 동사 ·** **サ행 변격 동사)**	来る → **来**ない 오다　　오지 않다 する → **し**ない 하다　　하지 않다

 **3 부탁·금지를 나타내는 「〜ないで　ください」표현**

> **展示物に　触らないで　ください。**
> 전시물에 손대지 마세요.

「〜ないで　ください」는 '〜하지 마세요, 〜하지 말아 주십시오' 라는 뜻이며, 접속방법은 동사의 ない형을 만드는 방법과 같다.

① A　お風呂に　入っても　いいですか。 목욕을 해도 됩니까?

　 B　きょうは　お風呂に　入らないで　ください。 오늘은 목욕을 하지 마십시오.

② これから　お酒を　飲まないで　ください。 이제부터 술을 마시지 마세요.

③ ほかの　人には　話さないで　ください。 다른 사람에게는 이야기하지 마십시오.

④ 芝生に　入らないで　ください。 잔디밭에 들어가지 마세요.

 **4 금지를 나타내는 「〜ては　いけないんです」표현**

> **絵に　触っては　いけないんですよ。**
> 그림에 손대면 안 돼요.

「〜ては　いけないんですよ」는 '〜해서는 안 됩니다' 라는 금지의 뜻을 가지고 있다. 「〜ては　いけません」이라고도 하는데, 이 표현은 너무 직접적이고 강한 느낌을 주므로 상대방에게 직접 사용하지 않도록 하는 게 좋으며, 불특정 다수를 향한 금지 사항에 주로 사용된다. 보통의 대화에서는 「〜ては　いけないんです」나 「〜ては　いけません」보다 완곡한 표현인 위의 2번 「〜ないで　ください」를 사용하는 것이 좋다.

① 図書館で　大きい　声で　話しては　いけません。
도서관에서 큰 소리로 이야기해서는 안 됩니다.

② 夜遅く　人の　家へ　電話しては　いけません。 밤늦게 남의 집에 전화해서는 안 됩니다.

③ ここに　入っては　いけないんですよ。 여기에 들어가면 안 돼요.

1 다음 그림을 보고 보기와 질문을 만들어 보자.

보기

A 写真を　撮っても　いいですか。
B すみません。写真は　ちょっと…。

① 

A ______________________________
B ええ、どうぞ。

② 

A ______________________________
B いいえ、お風呂には　入らないで　ください。

③ 

A ______________________________
B ええ、どうぞ。

④ 

A ______________________________
B すみません。ここは　禁煙なんです。

2 다음 그림을 보고 보기와 같이 금지사항을 말해 보자.

> 보기 ▶ **大きい　声で　話しては　いけません。**

① ▶ ____________________________

② ▶ ____________________________

③ ▶ ____________________________

④ ▶ ____________________________

3 짧은 글짓기

① 박물관 안에서는 사진을 찍지 마세요.

▶ ____________________________

② 오늘 밤에 전화를 해도 괜찮습니까?

▶ ____________________________

③ 무리를 해서는 안 됩니다.

▶ ____________________________

해답

1 ①座っても　いいですか。　②お風呂に　入っても　いいですか。
　③入っても　いいですか。　④たばこを　吸っても　いいですか。
2 ①たばこを　吸っては　いけません。　②芝生に　入っては　いけません。
　③触っては　いけません。　④写真を　撮っては　いけません。
3 ①博物館の　中では　写真を　撮らないで　ください。　②今晩　電話を　しても　いいですか。
　③無理を　しては　いけないんです（いけません）。

<ruby>高橋<rt>たか はし</rt></ruby>さんも　<ruby>歌<rt>うた</rt></ruby>が　<ruby>上手<rt>じょう ず</rt></ruby>ですか。

다카하시 씨도 노래를 잘합니까?

핵심문장

01　歌が　上手です。／下手です。

02　どうして　黙って　いるんですか。

03　気分が　悪いんです。

01 노래를 잘합니다. / 못합니다.

02 왜 잠자코 있는 겁니까?

03 몸상태가 좋지 않아서요.

1 CD52

キム	あのう、高橋さん、カラオケに　行きませんか。
高橋	いいですよ。キムさんは、カラオケに　よく　行くんですか。
キム	ええ、歌が　大好きで、私は　週に　2回は　行くんです。
木村	高橋さん、キムさんは　歌が　上手ですよ。
高橋	あ、そうですか。ぜひ　聞いて　みたいですね。
木村	高橋さんも　歌が　上手ですか。
高橋	いいえ、歌は　好きですが、歌うのは　下手なんです。
木村	私は　人の　前で　歌うのは　大嫌いなんです。
高橋	でも、きょうは　木村さんも　ぜひ　歌って　ください。

김	저기, 다카하시 씨, 가라오케에 가지 않겠습니까?
다카하시	좋아요. 김 씨는 가라오케에 자주 갑니까?
김	네, 노래를 너무 좋아해서 저는 일주일에 두 번은 갑니다.
기무라	다카하시 씨, 김 씨는 노래를 잘해요.
다카하시	아, 그렇습니까? 꼭 들어 보고 싶군요.
기무라	다카하시 씨도 노래를 잘합니까?
다카하시	아니요, 노래는 좋아합니다만, 부르는 것은 잘 못합니다.
기무라	저는 남 앞에서 노래하는 것은 매우 싫어합니다.
다카하시	그렇지만 오늘은 기무라 씨도 꼭 노래를 불러 주세요.

새로운 단어

しゅう(週)に 일주일에
〜かい(回) 〜번, 〜회
じょうず(上手)だ 능숙하다, 잘하다

ぜひ 꼭, 반드시
へた(下手)だ 서툴다, 능숙하지 못하다
だいきら(大嫌)いだ 아주 싫어하다

2 CD53

キム　　次は　高橋さんですよ。

高橋　　韓国の　歌は　一つも　覚えて　いませんが。

キム　　あ、木村さん、さっきから　どうして　黙って　いるんですか。

木村　　ちょっと　気分が　悪いんです。

高橋　　飲みすぎですか。

木村　　いいえ、朝から　少し　熱が　あって、体が　だるいんです。

高橋　　顔色も　悪いですね。風邪でしょうか。

木村　　そうかも　しれません。

　　　　あのう、途中で　すみませんが、今日は　お先に　失礼します。

高橋　　そうですか。

キム　　じゃ、お大事に。

김	다음은 다카하시 씨예요.
다카하시	한국 노래는 하나도 외우고 있지 않은데요.
김	아, 기무라 씨, 아까부터 왜 잠자코 있는 겁니까?
기무라	몸이 좀 안 좋아서요.
다카하시	과음했습니까?
기무라	아니요, 아침부터 열이 조금 있고, 몸이 나른합니다.
다카하시	안색도 나쁘네요. 감기일까요?
기무라	그럴지도 모르겠습니다.
	저기, 도중에 죄송합니다만, 오늘은 먼저 실례하겠습니다.
다카하시	그렇습니까?
김	그럼, 몸조심하세요.

새로운 단어

ひと(一)つも 하나도	からだ(体) 몸, 신체
おぼ(覚)える 외우다 **2그룹**	だるい 나른하다, 맥이 없다
さっきから 아까부터	かおいろ(顔色) 안색
どうして 왜, 어째서	かぜ(風邪) 감기
だま(黙)る 잠자코 있다, 입을 다물다 **1그룹**	～かも　しれません ～일지도 모릅니다
きぶん(気分) 건강상태, 컨디션	とちゅう(途中)で 도중에
わる(悪)い 나쁘다	おさき(先)に 먼저
の(飲)みすぎ 과음	しつれい(失礼)する 실례하다
ねつ(熱) 열	おだいじ(大事)に 몸조심하세요

 **1** 「〜んです」의 정리

「〜んです」는 무언가를 설명하거나 이유 등을 말할 때 사용하는데, 접속방법은 다음과 같다.
ナ형용사와 명사의 경우는 「ナ형용사의 어간/명사＋なんです」가 되므로 주의하자.

	긍정	부정
명사	学生なんです。 학생입니다.	学生じゃ ないんです。 학생이 아닙니다.
ナ형용사	有名なんです。 유명합니다.	有名じゃ ないんです。 유명하지 않습니다.
イ형용사	安いんです。 쌉니다.	安く ないんです。 싸지 않습니다.
동사	行くんです。 갑니다.	行かないんです。 가지 않습니다.

2 이유를 묻는 「どうして 〜んですか」 표현

A どうして 黙って いるんですか。 왜 잠자코 있는 겁니까?

B ちょっと 気分が 悪いんです。 몸이 좀 안 좋아서요.

「どうして 〜んですか」는 '왜 〜하는 겁니까?' 라는 뜻으로 상대방에게 이유를 물을 때 사용하는 표현이다. 「〜んですか／〜んです」는 이유를 묻거나 이유를 말하는 경우에 사용된다.

① A どうして 食べないんですか。 왜 먹지 않는 겁니까?

B おなかが 痛いんです。 배가 아파서요.

② A どうして 歌わないんですか。 왜 노래하지 않는 겁니까?

B 歌が 下手なんです。 노래를 잘 못 부르거든요.

③ A どうして 行かないんですか。 왜 가지 않는 겁니까?

B 国から 両親が 来るんです。 고국에서 부모님이 오시거든요.

④ A どうして　読まないんですか。 왜 읽지 않는 겁니까?

　 B あまり　読みたく　ないんです。 별로 읽고 싶지 않거든요.

 3 「〜が　上手です」의 표현

> **キムさんは　歌が　上手ですよ。**
> 김 씨는 노래를 잘해요.

「上手です」는 '잘합니다, 능숙합니다' 라는 뜻이고 「下手です」는 '잘 못합니다, 능숙하지 못합니다' 라는 뜻이다. 우리말은 '〜을 잘합니다, 〜을 잘 못합니다' 라고 하지만, 일본어로는 「〜が　上手です／〜が　下手です」라고 해야 한다. 조사 「を」는 사용할 수 없지만, 다음의 예문 ③과 같이 '〜은 잘하지만, 〜은 서툴다' 라고 비교할 경우에는 조사 「は」를 사용하기도 한다.

① 私は　字が　下手です。 저는 글씨를 잘 못 씁니다.

② イーさんは　日本語が　とても　上手です。 이 씨는 일본어를 아주 잘합니다.

③ パクさんは　テニスは　上手ですが、ボウリングは　下手です。
　 박 씨는 테니스는 잘하지만, 볼링은 잘 못합니다.

4 원인·이유 나타내는 「〜で」의 용법

> **歌が　大好きで　週に　2回は　行くんです。**
> 노래를 매우 좋아해서 일주일에 2번은 갑니다.

여기서의 「で」는 ナ형용사의 어간에 붙어서 원인·이유를 나타낸다. 우리말로는 '〜해서' 라는 뜻이 된다.

① 木村さんは　ハンサムで　女の人に　人気が　あります。
　 기무라 씨는 잘생겨서 여자에게 인기가 있습니다.

② あの　店は　親切で　いつも　お客さんが　たくさん　います。
　 저 가게는 친절해서 언제나 손님이 많습니다.

 5 「～のは」의 용법

> **私は　人の　前で　歌うのは　大嫌いなんです。**
> 저는 남 앞에서 노래하는 것을 매우 싫어합니다.

(1) 「동사문＋のは～」에서 「の」는 '～것'이라는 뜻을 나타낸다.
① 運動を　するのは　体に　いいです。 운동을 하는 것은 몸에 좋습니다.
② 外国語を　習うのは　おもしろいです。 외국어를 배우는 것은 재미있습니다.
③ 働きながら　勉強するのは　たいへんです。 일하면서 공부하는 것은 힘듭니다.

(2) 「大嫌いだ」도 「好きだ」, 「大好きだ」, 「嫌いだ」와 마찬가지로 조사 「を」가 아닌 「が」를 취하여 「～が　大嫌いです」의 형태로 '～을(를) 매우 싫어합니다'라는 뜻이 된다. 그러나 '～은 매우 좋아하고, ～은 매우 싫어한다'에서와 같이 비교를 할 경우라든가, 앞의 예문과 같이 강조하는 경우에는 조사 「は」를 사용하기도 한다.

 6 횟수를 나타내는 「～回」

> **何回ですか。** 몇 번입니까?

いっかい 1回 한 번	にかい 2回 두 번	さんかい 3回 세 번	よんかい 4回 네 번	ごかい 5回 다섯 번
ろっかい 6回 여섯 번	ななかい 7回 일곱 번	はっかい 8回 여덟 번	きゅうかい 9回 아홉 번	じゅっかい 10回 열 번

「～回」는 '～회, ～번'이라는 뜻으로 「～度」와 같다. (⇨18과)

1 다음 그림을 보고 질문에 대한 대답을 말해 보자.

① A どうして　食べないんですか。

B ___________________________

② A 出かけるんですか。

B ___________________________

③ A どうして　歌わないんですか。

B ___________________________

④ A 帰らないんですか。

B ___________________________

⑤ A どうして　見ないんですか。

B ___________________________

2 좌우를 연결하여 문장을 완성해 보자.

① 学校の　勉強が　たいへんで　・　　　・ ⓐ 女の人に　人気が　あります。

② 木村さんは　ハンサムで　・　　　・ ⓑ アルバイトは　して　いません。

③ 私は　歌が　好きで　・　　　・ ⓒ よく　カラオケに　行きます。

④ 字が　下手で　・　　　・ ⓓ 手紙は　書きたく　ありません。

3 짧은 글짓기

① 하루에 한 번은 밥을 먹습니다.

▶ ____

② 鈴木 씨는 노래도 잘하고, 피아노도 잘 칩니다.

▶ ____

③ 머리가 아픈데요.

▶ ____

해답

1 ①食べたく　ないんです。 ②ええ、約束が　あるんです。 ③歌が　下手なんです。
　④ええ、電話を　待って　いるんです。 ⑤あまり　好きじゃ　ないんです。
2 ①ⓑ ②ⓐ ③ⓒ ④ⓓ
3 ①一日に　1回は　ご飯を　食べます。 ②鈴木さんは　歌も　上手で、ピアノも　上手です。
　③頭が　痛いんです。

<ruby>店<rt>みせ</rt></ruby>は　きれいだったが、
そばは　おいしく　なかった。

가게는 깨끗했지만, 메밀국수는 맛이 없었다.

핵심문장

<u>01</u>　**彼女は　留学生だ。／イーさんは　水泳の　選手だった。**

<u>02</u>　**センスも　いい。／外は　暑かった。**

<u>03</u>　**水泳が　上手だ。／店は　きれいだった。**

<u>04</u>　**帰ってくると　思う。／プールを　出た。**

<u>01</u>　그녀는 유학생이다. / 이 씨는 수영선수였다.

<u>02</u>　감각도 뛰어나다. / 바깥은 더웠다.

<u>03</u>　수영을 잘한다. / 가게는 깨끗했다.

<u>04</u>　돌아올 거라고 생각한다. / 수영장을 나왔다.

1 CD54

7月 20日
（がつ　はつか）

毎日、蒸し暑い　日が　続いて　いる。
（まいにち　む　あつ　ひ　つづ）

きょうは　留学生の　イーさんと　いっしょに　プールへ　行った。
（りゅうがくせい　　　　　　　　　　　　　い）

プールは　人で　いっぱいだった。
（ひと）

イーさんは、中学生の　時、水泳の　選手だった。
（ちゅうがくせい　とき　すいえい　せんしゅ）

だから　水泳が　とても　上手だ。
（じょう　ず）

ぼくたちは　1時間ぐらい　泳いで、12時半ごろ　プールを　出た。
（じ　かん　　　およ　　　じ　はん　　　　で）

外は　暑かった。
（そと）

おなかが　すいて、近くの　そば屋で　そばを　食べた。
（ちか　　　や　　　た）

店は　きれいだったが、そばは　あまり　おいしく　なかった。
（みせ）

あしたは　旅行に　行った　弟が
（りょこう　　　　おとうと）

帰ってくると　思う。
（かえ　　　おも）

7월 20일

매일 무더운 날이 계속되고 있다.

오늘은 유학생인 이 씨와 함께 수영장에 갔다.

수영장은 사람들로 가득했다.

이 씨는 중학생 때 수영선수였다.

그래서 수영을 굉장히 잘한다.

우리들은 1시간 정도 수영을 하고, 12시 반경에 수영장을 나왔다.

바깥은 더웠다.

배가 고파서 근처의 메밀국수 집에서 메밀국수를 먹었다.

가게는 깨끗했지만, 메밀국수는 그다지 맛이 없었다.

내일은 여행을 갔던 동생이 돌아올 거라고 생각한다.

새로운 단어 🦋

む(蒸)しあつ(暑)い 무덥다	**だから** 그러므로, 그래서
つづ(続)く 계속되다 〔1그룹〕	**そと(外)** 밖 ▶「外」를「ほか」라고 읽을 때는 '그 밖, 이외'라는 뜻이 된다.
りゅうがくせい(留学生) 유학생	
プール(pool) 풀, 수영장	**そばや(屋)** 메밀국수 가게
ちゅうがくせい(中学生) 중학생	**そば** 메밀국수
すいえい(水泳) 수영	**おとうと(弟)** 남동생
せんしゅ(選手) 선수	**かえ(帰)ってくる** 돌아오다

2 CD55

7月　21日
（がつ）（にち）

アルバイトの　帰りに　ハンさんに　会った。
　　　　　　　（かえ）　　　　　　　　（あ）

彼女は　韓国から　来た　留 学生だ。
（かのじょ）（かんこく）（き）（りゅうがくせい）

今　日本文学を　専攻して　いる。
（いま）（に ほんぶんがく）（せんこう）

ぼくたちは　近くの　居酒屋で　生ビールを　飲んだ。
　　　　　　（ちか）（い ざか や）（なま）　　　　（の）

飲みながら、日本と　韓国に　ついて、いろいろな　話を　した。
　　　　　　　　　　　　　　　　　　　　　　　　（はなし）

彼女は　頭が　よくて、ファッションセンスも　いい。
（かのじょ）（あたま）

ぼくは　そんな　タイプの　女の子が　好きだ。
　　　　　　　　　　　　　（おんな）（こ）（す）

いっしょに　ディズニーランドへ　行く　約束を　した。
　　　　　　　　　　　　　　　　　（い）（やくそく）

7월 21일

아르바이트에서 돌아오는 길에 한 씨를 만났다.

그녀는 한국에서 온 유학생이다.

지금 일본문학을 전공하고 있다.

우리들은 근처의 선술집에서 생맥주를 마셨다.

(생맥주를) 마시면서, 일본과 한국에 대하여 여러 가지 이야기를 했다.

그녀는 머리가 좋고, 패션감각도 뛰어나다.

나는 그런 타입의 여자를 좋아한다.

함께 디즈니랜드에 가기로 약속했다.

새로운 단어

にほんぶんがく(日本文学) 일본문학	**ファッションセンス(fashion sense)** 패션감각
せんこう(専攻) 전공	**タイプ(type)** 타입, 형
いざかや(居酒屋) 선술집	**おんな(女)のこ(子)** 여자 아이, 여자
なまビール(生+beer) 생맥주	**ディズニーランド(Disney Land)** 디즈니랜드
〜に ついて 〜에 대하여	
あたま(頭) 머리	

 **です・ます형(정중형)과 보통형**

정중형은 '~입니다, ~습니다, ~합니다' 와 같은 정중한 말씨이고, 보통형은 '~이다, ~하다, ~한다' 와 같은 보통의 말씨이다.
정중형은 일상의 대화나 편지 등에 주로 사용되고, 보통체는 일기나 신문기사 또는 친한 사이의 대화에서 사용된다.

① 현재형

	です・ます형(정중형)	보통형
명사	彼女は　留学生です。 그녀는 유학생입니다.	彼女は　留学生だ。 그녀는 유학생이다.
ナ형용사	水泳が　上手です。 수영을 잘합니다.	水泳が　上手だ。 수영을 잘한다.
イ형용사	きょうも　暑いです。 오늘도 덥습니다.	きょうも　暑い。 오늘도 덥다.
동사	弟が　帰ってきます。 남동생이 놀아옵니다.	弟が　帰ってくる。 남동생이 돌아온다.

* 동사의 경우는 현재 또는 미래를 나타낸다.

명사・ナ형용사・イ형용사의 정중형은 「です」를, 동사의 정중형은 「ます」를 붙여 나타낸다. 따라서 です・ます형을 정중형이라고도 말한다. 명사와 ナ형용사의 보통형은 정중형의 「です」를 「だ」로 바꾸면 되지만, イ형용사의 경우는 「だ」를 붙이지 않으므로 주의해야 한다. 동사의 보통체는 기본형 그대로 사용하면 된다.

보기
● 덥습니다 → 暑いです／덥다 → (○)暑い　(×)暑いだ
● 맛있습니다 → おいしいです／맛있다 → (○)おいしい　(×)おいしいだ

② 과거형

	です・ます형(정중형)	보통형
명사	水泳の 選手でした。 수영선수였습니다.	水泳の 選手だった。 수영선수였다.
ナ형용사	店は きれいでした。 가게는 깨끗했습니다.	店は きれいだった。 가게는 깨끗했다.
イ형용사	外は 暑かったです。 바깥은 더웠습니다.	外は 暑かった。 바깥은 더웠다.
동사	話を しました。 이야기를 했습니다.	話を した。 이야기를 했다.

보통형의 과거형은 명사나 ナ형용사의 경우에는 정중형의 「でした」 대신에 「だった」를 붙여 만든다. イ형용사의 경우는 공손체의 「かったです」에서 「です」 부분을 없앤 「かった」의 형태로 나타낸다. 동사의 경우는 동사의 て형과 같은 음의 변화가 생긴다. 즉, 쉽게 말하면 동사의 「て」를 떼어내고 「た」를 붙인다고 생각하면 된다.

보기
● 書く 1그룹 → 書いて → 書いた
   쓰다   쓰고   썼다
● 読む 1그룹 → 読んで → 読んだ
   읽다   읽고   읽었다
● 食べる 2그룹 → 食べて → 食べた
   먹다   먹고   먹었다
● する 3그룹 → して → した
   하다   하고   했다

문법2 원인・이유를 나타내는 て형의 용법

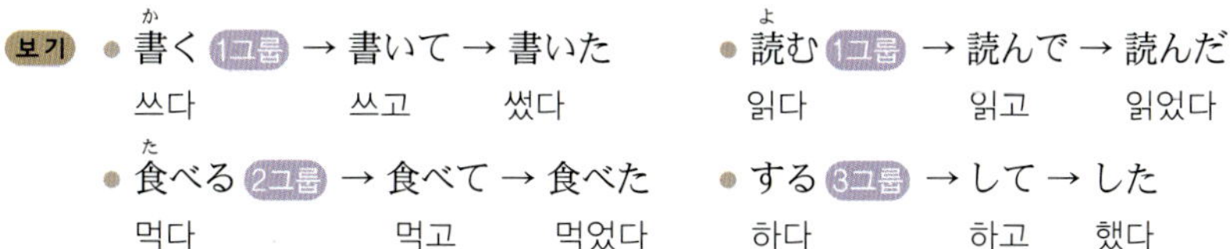

동사의 て형은 '~하고, ~해서'라는 뜻인데, 여기서 공부할 て형은 원인이나 이유를 나타내며, '~해서'의 의미로 쓰였다.

① 遅れて すみません。 늦어서 미안합니다.
② きょうは 朝寝坊を して 学校に 遅れた。 오늘은 늦잠을 자서 학교에 늦었다.
③ 風邪を ひいて 会社を 休みました。 감기에 걸려서 회사를 쉬었습니다.

 **3 동사 た형의 명사 수식형**

> 彼女は 韓国から 来た 留学生だ。
> 그녀는 한국에서 온 유학생이다.

여기서는 동사의 た형이 뒤에 오는 명사를 수식하는 것에 관해 공부해 보자. 아래의 보기에서 알 수 있듯이, 우리말은 문장 끝에서 서술어로 사용되었을 때와 명사를 수식할 때의 동사의 형태가 서로 다르다. 그러나 일본어는 이 둘이 서로 같다.

보기 남동생이 여행을 갔다. → 弟が 旅行に 行った。

여행을 간/갔던 남동생. → 旅行に 行った 弟。

① これは 日本で 撮った 写真です。 이것은 일본에서 찍은 사진입니다.

② これが 私が 作った スカートです。 이것이 제가 만든 스커트입니다.

③ きょうは 私が 生まれた 日だ。 오늘은 내가 태어난 날이다.

 **4 동격을 나타내는 「の」의 용법**

> 留学生の イーさんと いっしょに プールへ 行った。
> 유학생인 이 씨와 함께 수영장에 갔다.

여기에서의 「の」는 앞의 명사와 뒤의 명사가 서로 동격임을 나타내며, 우리말로는 '~인' 으로 해석된다.

① 紹介します。 妹の ともこです。 소개하겠습니다. 여동생인 토모코입니다.

② 社長の 鈴木です。 どうぞ よろしく。 사장인 스즈키입니다. 잘 부탁합니다.

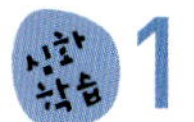1 「いろいろ」의 여러 가지 용법

日本と　韓国に　ついて、いろいろな　話を　した。
일본과 한국에 대하여 여러 가지 이야기를 했다.

「いろいろ」는 문장 속에서 ナ형용사로도 쓰이고 부사로도 쓰인다.

① ナ형용사로 쓰이는 경우

> **보기** ●いろいろな　話を　した。여러 가지 이야기를 했다.
>
> ●いろいろな　ものが　あります。여러 가지 물건이 있습니다.

② 부사로 쓰이는 경우

> **보기** ●いろいろ　ありがとうございます。여러 가지로 감사합니다.
>
> ●いろいろ　教えて　ください。여러모로 가르쳐 주십시오.

2 イ형용사 「いい」와 「よい」의 정리

ファッションセンスも　いい。
패션감각도 뛰어나다.

「いい」와 「よい」는 둘 다 '좋다' 라는 의미이다. 그러나 활용면에서는 서로 다른 경우도 있으므로 주의해야 한다.

좋다	よい	いい
좋습니다	よいです	いいです
좋은 사람	よい　人	いい　人
좋지 않습니다	よく　ありません	(×)いく　ありません
좋지 않다	よく　ない	(×)いく　ない
좋았습니다	よかったです	(×)いかったです
좋고	よくて	(×)いくて

 **3** '여자'를 나타내는 표현

> ぼくは　そんな　タイプの　女の子が　好きだ。
> 나는 그런 타입의 여자가 좋다.

'여자'를 나타내는 말은 다음과 같이 여러 가지가 있다.

● 女／女の人／女の子／女性の方

우리가 보통 일상 회화에서 '그 여자, 저 여자'라고 말할 때의 '여자'는 「女」보다는 「女の人」 쪽을 사용하는 것이 좋다. '여자분'이라고 말할 때는 「女姓の方」라고 하면 된다. 「女の子」는 '여자 아기, 여자 아이'라는 뜻과 함께 '젊은 여자'라는 뜻도 가지고 있다.

보기
● 女の子が　生まれました。여자 아이가 태어났습니다.
● 会社の　女の子　회사의 젊은 여직원

1 보기와 같이 です·ます형(정중형)의 문장을 보통형의 문장으로 바꿔 보자.

보기	デザインを　専攻して　います。 ▶デザインを　専攻して　いる。

① テニスが　上手です。

▶ ____

② 友達と　いっしょに　プールへ　行きました。

▶ ____

③ すしは　あまり　おいしく　ありませんでした。

▶ ____

④ イーさんは　水泳の　選手でした。

▶ ____

2 보기와 같이 두 문장을 한 문장으로 만들어 보자.

보기	彼女は　韓国から　来ました。彼女は　留学生です。 ▶彼女は　韓国から　来た　留学生です。

① ディズニーランドで　写真を　撮りました。

これが　その　写真です。

▶ ____

② 私は　スカートを　作りました。これが　その　スカートです。

▶ ____

③ 弟が　旅行に　行きました。弟が　帰ってきます。

▶ ____

3 다음의 좌우를 연결하여 문장을 완성해 보자.

① 夜、遅くまで　　　　・　　　　・ ⓐ 学校を　休みました。
　仕事を　して

② 風邪を　ひいて　　　・　　　　・ ⓑ パンを　食べました。

③ 遅れて　　　　　　　・　　　　・ ⓒ 疲れました。

④ おなかが　すいて　・　　　　・ ⓓ すみません。

4 짧은 글짓기

① 그녀가 가지고 온 케이크는 예뻤지만, 맛이 없었다.

▶ ____

② 아까 도서관에서 만난 남자애는 누구입니까?

▶ ____

③ 피곤해서 늦잠을 잤어요.

▶ ____

해답

1 ①テニスが　上手だ。 ②友達と　いっしょに　プールへ　行った。
　③すしは　あまり　おいしく　なかった。　④イーさんは　水泳の　選手だった。
2 ①これが　ディズニーランドで　撮った　写真です。　②これが　私が　作った　スカートです。
　③旅行に　行った　弟が　帰ってきます。
3 ①ⓒ ②ⓐ ③ⓓ ④ⓑ
4 ①彼女が　持って　きた　ケーキは　きれいだったが、おいしく　なかった。　②さっき　図書館で　会っ
た　男の子は　だれですか。 ③疲れて　寝坊しました。

조사의 정리 | 제14과 ~ 제26과

1 も	~도	・何^{なに}も 買^かいませんでした。 아무것도 사지 않았습니다.
2 から	~에서부터 ~에서	・部屋^{へや}からの けしきは すばらしかったです。 방에서의(에서 본) 경치는 훌륭했습니다.
3 で	~으로	・海^{うみ}は 人^{ひと}で いっぱいでした。 바다는 사람들로 가득했습니다.
	~에	・後^{あと}で いただきます。 나중에 먹겠습니다.
	~(으)로	・大^{おお}きい 声^{こえ}で 話^{はな}して います。 큰 소리로 이야기하고 있습니다.
	~에	・往復^{おうふく}で 3万円^{まんえん}です。 왕복에 3만 엔입니다.
	~에	・途中^{とちゅう}で すみませんが、お先^{さき}に 失礼^{しつれい}します。 도중에 죄송합니다만, 먼저 실례하겠습니다.
4 に	~하러	・食事^{しょくじ}に 行^いきます。 식사하러 갑니다.
	~(으)로	・私^{わたし}は ハンバーガーに します。 저는 햄버거로 하겠습니다.
	~을, ~를	・地下鉄^{ちかてつ}に 乗^のって ください。 지하철을 타세요.
	~을, ~를	・友達^{ともだち}に 会^あいたいです。 친구를 만나고 싶습니다.
	~에	・絵^えに 触^{さわ}らないで ください。 그림에 손대지 말아 주십시오.
5 ね	~(지)요?	・A : ソウル駅^{えき}で 降^おりて ください。 서울역에서 내리세요. B : ソウル駅ですね。 서울역이요?

6 よ	~이에요, ~예요	・A：あの　人は　だれですか。 　　저 사람은 누구입니까? 　　B：あの　人は　林さんですよ。 　　저 사람은 하야시 씨예요.
7 が	~이, ~가 ~을, ~를 ~을, ~를	・時間が　ほしいです。 시간이 필요합니다. ・水が　飲みたいです。 물을 마시고 싶습니다. ・キムさんは　歌が　上手です。 　김 씨는 노래를 잘합니다.
8 でも	~(이)라도	・ボーリングでも　しませんか。 볼링이라도 치지 않겠습니까?
9 の	~것	・人の　前で　歌うのは　嫌いです。 남 앞에서 노래하는 것은 싫어합니다.

1 □ 안에 알맞은 조사를 써 넣어 보자.

① すみません。絵 □ 触らないで ください。

② 働きながら 勉強する □ は たいへんです。

③ コーヒー □ □ 飲みませんか。

④ イーさんは 水泳 □ 上手です。

⑤ シルクの ブラウス □ ほしいです。

⑥ 早く 家族 □ 会いたいです。

⑦ きょうの 午後 デパートへ 買い物 □ 行きました。

⑧ A 何 □ しますか。

　 B カレーライス □ します。

⑨ みんな バス □ 乗って ください。

⑩ 大きい 声 □ 話さないで ください。

⑪ それじゃ、後 □ また 電話します。

⑫ A この 人が 鈴木さんですか。

　 B いいえ、鈴木さんは この 人です □ 。

　（　　）안의 단어를 활용하여 문장을 완성해 보자.

① A　何か　買いましたか。(買う)

　　B　いいえ、何も　＿＿＿＿＿＿＿＿＿＿＿＿＿＿＿＿。

② A　きのうの　パーティーは　＿＿＿＿＿＿＿＿＿＿。(楽しい)

　　B　いいえ、あまり　＿＿＿＿＿＿＿＿＿＿＿＿＿。

③ A　天気は　どうでしたか。(よい)

　　B　とても　＿＿＿＿＿＿＿＿＿＿＿＿＿＿＿＿＿。

④ A　交通は　便利でしたか。(不便)

　　B　いいえ、＿＿＿＿＿＿＿＿＿＿＿＿＿＿＿＿＿。

⑤ ＿＿＿＿＿＿＿に　来て　ください。(遊ぶ)

⑥ 雨の　日は　どこへも　＿＿＿＿＿＿＿　ありません。(行く)

⑦ お客さんを　迎えに　ターミナルに　＿＿＿＿＿＿＿　予定です。(行く)

⑧ 疲れましたね。すこし　＿＿＿＿＿＿＿ましょうか。(休む)

⑨ お風呂に　＿＿＿＿＿＿＿　ビールを　＿＿＿＿＿＿＿　寝ました。
　　(入る, 飲む)

⑩ お茶でも　＿＿＿＿＿＿＿ませんか。(飲む)

⑪　ちょっと　__________　ください。(待つ)

⑫　私は　大阪に　__________　います。(住む)

⑬　めがねを　__________　いる　人は　だれですか。(かける)

⑭　テレビを　__________ながら　ご飯を　食べて　います。(見る)

⑮　A　もう　来て　いますか。

　　B　いいえ、まだ　_____________________。(来る)

⑯　何を　__________　いるんですか。(飲む)

⑰　A　パクさんを　_____________________。(知る)

　　B　いいえ、_____________________。

⑱　高いですね。すこし　__________　して　ください。(安い)

⑲　部屋を　__________　掃除しました。(きれいだ)

⑳　ここで　たばこを　__________　いいですか。(吸う)

㉑　中に　__________ないで　ください。(入る)

㉒　絵に　__________　いけません。(触る)

㉓　アメリカへ　__________　みたいです。(行く)

㉔　A　どうして　＿＿＿＿＿んですか。（読む）

　　　B　おもしろく　ないんです。

㉕　A　彼は　＿＿＿＿＿でしょうか。（来る）

　　　B　いいえ、来ると　思います。

부록

Power! 단어

일본의 여러 도시

ほっかいどう
北海道
さっぽろ
札幌
あおもり
青森
もりおか
盛岡
あきた
秋田
せんだい
仙台
きょうと
京都
ひろしま
広島
しものせき
下関
こうべ
神戸
ほんしゅう
本州
ふくおか
福岡
とうきょう
東京
しこく
四国
きゅうしゅう
九州
おおさか
大阪
なら
奈良
なごや
名古屋
よこはま
横浜
くまもと
熊本
かごしま
鹿児島

세계의 여러 나라

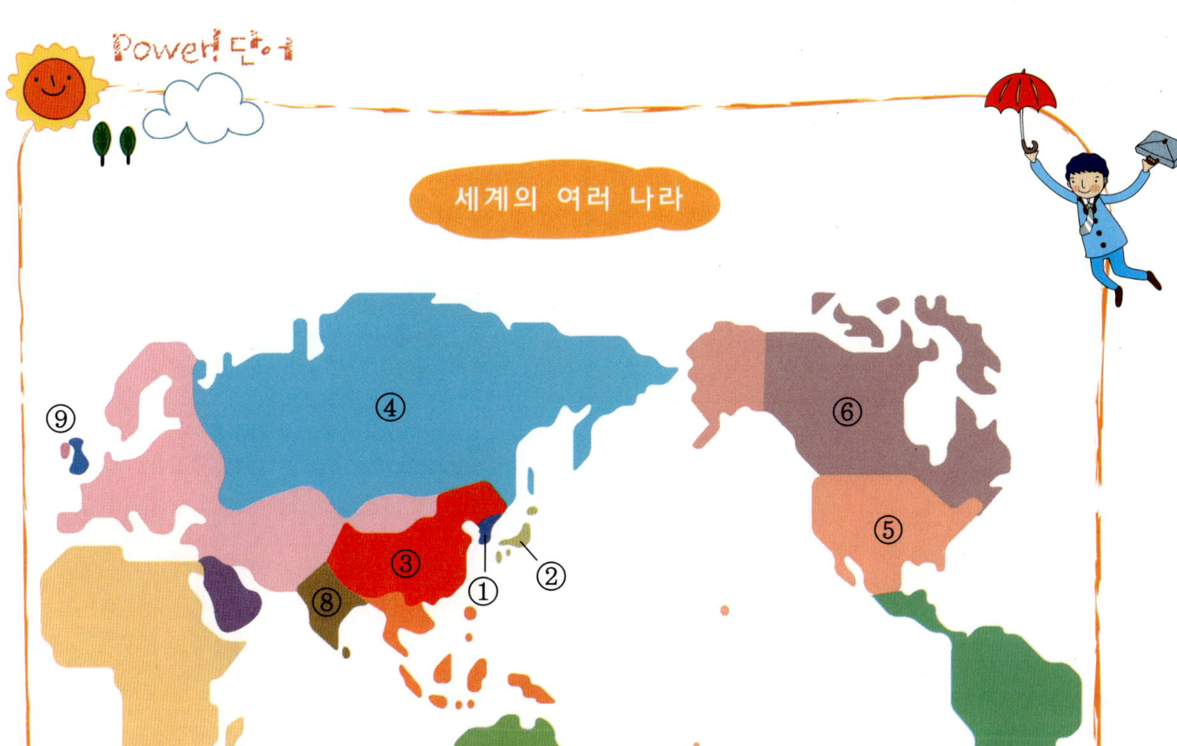

오대양(五大洋)	오대주(五大州)	나라 이름(国名)
태평양ㅣ太平洋 (たいへいよう)	아시아ㅣアジア	① 한국ㅣ韓国 (かんこく)
		② 일본ㅣ日本 (にほん)
대서양ㅣ大西洋 (たいせいよう)	아메리카ㅣアメリカ	③ 중국ㅣ中国 (ちゅうごく)
		④ 러시아ㅣロシア
인도양ㅣインド洋 (よう)	아프리카ㅣアフリカ	⑤ 미국ㅣ米国／アメリカ (べいこく)
		⑥ 캐나다ㅣカナダ
남극해ㅣ南極海 (なんきょくかい)	오세아니아ㅣオセアニア	⑦ 오스트레일리아ㅣ オーストラリア
북극해ㅣ北極海 (ほっきょくかい)	유럽ㅣヨーロッパ	⑧ 인도ㅣインド
		⑨ 영국ㅣ英国／イギリス (えいこく)

대표적인 イ형용사

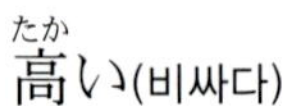
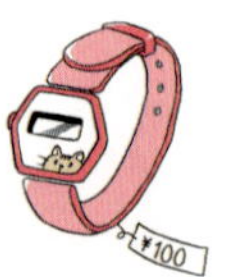

^{たか}高い(비싸다)	^{やす}安い(싸다)	^{おお}多い(많다)	^{すく}少ない(적다)

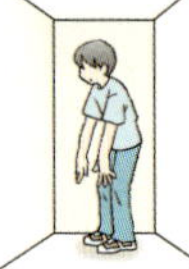

たか 高い(비싸다) やす 安い(싸다) おお 多い(많다) すく 少ない(적다)

ひろ 広い(넓다) せま 狭い(좁다) あつ 厚い(두껍다) うす 薄い(얇다)

おも 重い(무겁다) かる 軽い(가볍다) あま 甘い(달다) から 辛い(맵다)

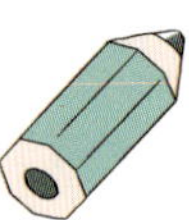
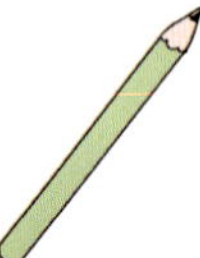

あたた 温かい(따뜻하다) つめ 冷たい(차다) ふと 太い(굵다) ほそ 細い(가늘다)

あか 明るい(밝다) くら 暗い(어둡다) あさ 浅い(얕다) ふか 深い(깊다)

好^すきだ(좋아하다)

嫌^{きら}いだ(싫어하다)

便利^{べん り}だ(편리하다)

不便^{ふ べん}だ(불편하다)

上手^{じょう ず}だ(능숙하다)

下手^{へ た}だ(서투르다)

新鮮^{しんせん}だ(신선하다)

簡単^{かんたん}だ(간단하다)

元気^{げん き}だ(건강하다)

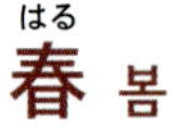

<ruby>春<rt>はる</rt></ruby> 봄

季節(きせつ) 계절
暖かい(あたたかい) 따뜻하다
桜(さくら) 벚꽃
花見(はなみ) 벚꽃놀이

梅雨(つゆ) 장마
雨(あめ) 비
傘(かさ) 우산

<ruby>夏<rt>なつ</rt></ruby> 여름

暑い(あつい) 덥다
蒸し暑い(むしあつい) 무덥다
汗(あせ) 땀

<ruby>秋<rt>あき</rt></ruby> 가을

涼しい(すずしい) 시원하다
風(かぜ) 바람
落ち葉(おちば) 낙엽

<ruby>冬<rt>ふゆ</rt></ruby> 겨울

寒い(さむい) 춥다
雪(ゆき) 눈
氷(こおり) 얼음

バス(버스)

でんしゃ
電車(전철)

ち か てつ
地下鉄(지하철)

タクシー(택시)

ひ こう き
飛行機(비행기)

ふね
船(배)

しんかんせん
新幹線(신칸센)

じ てんしゃ
自転車(자전거)

색깔

赤(빨간색)
^{あか}

トマト(토마토)   イチゴ(딸기)

青(파란색)
^{あお}

海(바다)

白(하얀색)
^{しろ}

 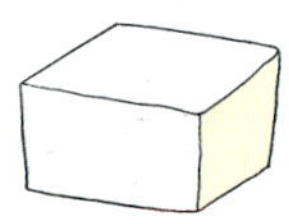

雲(구름)   とうふ(두부)

黒(검정색)
^{くろ}

のり(김)

黄色(노란색)
^{き いろ}

バナナ(바나나)   レモン(레몬)

茶色(갈색)
^{ちゃ いろ}

チョコレート(초콜릿)   土(흙)

緑色(녹색)
^{みどり いろ}

山(산)   木(나무)

紫色(보라색)
^{むらさき いろ}

なす(가지)

▶감수자

今井幹夫(이마이 미키오)
언어학자, (전)일본 도쿄 센다가야일본어교육연구소 소장
일본어를 비교언어학적으로 비교·분석·체계화시킨
Scientific Direct Method의 창안자
저서: 『Comprehensive Japanese: わかる日本語』

▶공저자

박정희
日本 東京外国語大学 日本語学科 졸업
저서: 『New Top Japanese 1·2』 (공저)

송미혜
日本 東京外国語大学 日本語学科 졸업
(전)시사일본어사 편집부장 겸 출판감독
저서: 『New Top Japanese 1·2』 (공저)

▶해설강의

박나리
日本 中央大学 文学部 情報 communication科 졸업
삼성 e-campus 인터넷 강의 등 다수 출강
(현)시사일본어학원 종로캠퍼스 PLS단기대학과정 전임강사

▶일러스트   김영랑 · 八幡恵美子(야하타 에미코)

NEW TOP 일본어첫걸음 입문

초판발행	2004년 1월 10일
1차개정판 발행	2008년 4월 30일
1차개정판 7쇄	2021년 11월 15일

감수	今井幹夫
공저	박정희, 송미혜
책임편집	조은형, 무라야마 토시오, 박현숙, 김성은, 손영은
펴낸이	엄태상
콘텐츠 제작	김선웅, 김현이, 유일환
마케팅	이승욱, 전한나, 왕성석, 노원준, 조인선, 조성민
경영기획	마정인, 조성근, 최성훈, 정다운, 김다미, 오희연
물류	정종진, 윤덕현, 양희은, 신승진

펴낸곳	시사일본어사(시사북스)
주소	서울시 종로구 자하문로 300 시사빌딩
주문 및 교재 문의	1588-1582
팩스	0502-989-9592
홈페이지	www.sisabooks.com
이메일	book_japanese@sisadream.com
등록일자	1977년 12월 24일
등록번호	제300 - 1977 - 31호

ISBN   978 -89-402-0759-8 18730
       978 -89-402-0758-1 18730 (set)

* 이 교재의 내용을 사전 허가없이 전재하거나 복제할 경우 법적인 제재를 받게 됨을 알려 드립니다.
* 잘못된 책은 구입하신 서점에서 교환해 드립니다.
* 정가는 표지에 표시되어 있습니다.